ひきこもれ

〈新装版〉

ひとりの時間をもつということ

吉本隆明

SB新書
519

分断されないひとまとまりの時間をもて

解説——齋藤 孝

「自分の世界に、沈潜せよ」

本書はそんなメッセージが込められた、熱い本です。

かつての日本では、「職人かたぎ」が評価されていました。手に職があり、黙って仕事に打ち込んでいれば、社会的にも、人間的にも認められました。むしろ、ペラペラと喋るのは口先だけの人間で、信用できないとさえ思われていました。

ところが、いつしかコミュニケーションが重視される社会へと変わりました。社交的で、愛想がよくて、よどみなく話ができる。一日に何人もの人と会い、絶え間なく情報交換をするような人が、社会的にも、人間的にも評価されるようになったのです。

しかし、自分の世界をつくって、豊かに生きるためには、「まとまった時間」が必要です。たとえば、画家がコミュニケーションばかりを重視していたら、絵なんて描くことはできません。作品をつくるには、まとまった時間が絶対に必要です。同じことはどんな仕事にもいえます。大きな仕事をしたい、目標を達成したい、夢をかなえたい。そう思うなら、自分の世界に沈潜する、まとまった時間を持つことが大切になってくるのです。

私自身、これまでの人生を振り返ってみると、一人で過ごすまとまった時間が、自分の思想の根幹をつくってくれたような気がします。

大学生のころ、静岡から上京した私は、一週間、ほとんど誰とも喋らないことがありました。定食屋さんのおばさんや、銭湯の番台のおばさんと挨拶するくらいで、あとは本ばかり読んで過ごす。まさに、自分の世界に沈潜しているような感覚でした。

私はこれまで、六〇〇冊以上の著書を出版してきましたが、その原動力となっているのが、まさにこの青年時代の経験です。あまりに長く、深く、潜っていたので、自分の思いがまるで石油のようになり、汲み上げても、汲み上げても、尽きることがありません。一〇〇〇冊くらい出版して、ようやく納得できるのかもしれません。

私たちの時間は分断されている

今の私たちは、「ひきこもる」ことはよくないことだと思いがちです。

世の中も、自分の殻に閉じこもるな、もっと人とコミュニケーションをとれ、みんなと仲良くしろ、と迫ってきます。

しかし、それは正しいのでしょうか。

吉本隆明さんは、むしろ内を向け、と言っています。そして、自分の世界に深く潜れ、と言っています。本書のタイトルである「ひきこもれ」には、そんな意味が込められている。「ひきこもれ」と、あえて命令形で言うことで、私たちにカウンターパンチを食らわせているのです。

　まとまった時間と対極にあるのが、SNSによって「分」ごと、「秒」ごとに細かく「分断された時間」です。この本はSNSが登場する以前に出版されたものですが、インターネットのコミュニケーションによって自分の時間をバラバラにされるな、まとまった時間をとれ、もっと自分を耕せ、と私たちに警告しているように思えます。

　とくに今の若い人たちは、SNSによって、深く自分と向き合う時間が削られています。朝起きてから夜寝るまで、次々とメッセージが届くことで、すぐに外の世界に連れ出されてしまう。深く潜って大切なものをつかむべき時期なのに、浅瀬に漂うことになってしまうのです。

　私はこれまで三十年ほど大学の教員をしてきました。その経験から感じるのは、年々、意識の浅いところで生きている学生が増えていることです。人の目を気にし、深い人間関係を結ぶことをわずらわしく思い、表面的な話ばかりしがちです。

こうして青年時代を終えてしまうと、いつか、「自分の浅さ」というものに、はたと気づくときがきます。今まで自分は何をやってきたのかと、いかんともしがたい感情に襲われるのです。四〇代になって、ようやくそのことに気づく人もいます。

深く潜った経験を持たない人は、そんな思いさえ抱かないのかもしれません。それでも、なんとなく自分らしい人生ではないとか、なんとなく充実感がないとか、なんとなく自分の言葉を持っていないとか、ふと不安がよぎることになるでしょう。そうなってからでは遅い。

私が大学生のころは、一人でいる時間に他者がまぎれ込んでくることは、ほとんどありませんでした。スマートフォンもパソコンもなく、連絡手段といえば固定電話と手紙だけでしたから、どこまでも深く潜っていることができました。

SNS全盛の現代において、本書の「ひきこもれ」というメッセージは、とくに若い人たちに痛烈に刺さるのではないでしょうか。

一方、企業においても、「コミュニケーション能力」は重視されています。しかし、企業に利益をもたらすのは、コミュニケーションではありません。アイデアです。何かを変えていくのは、新しい発想なのですから。

優れたアイデアを生み出すことができる人は、必ずしもコミュニケーションが上手ではありません。むしろ、まわりのことはおかまいなしに、一人で深く潜ることのできる人が世の中を変える印象があります。

自己実現理論で知られる心理学者、アブラハム・マズローによれば、自己実現を達成した人には「友人が少ない」という共通点があるそうです。大勢の人と交わらなくても、社会的成功をおさめることはできるのです。

「でも、営業は、コミュニケーション能力が重要じゃないの？」という声が聞こえてきそうです。しかし、そうとも言い切れません。

私は以前、保険の営業で成績トップの女性とお会いしたことがあります。立て板に水でセールストークをする人を想像していたのですが、実際は、方言まじりで、ゆっくり穏やかにお話しされる人でした。正直、こんなテンポで営業がつとまるのかなと思ったほどでした。営業に求められるのは、話のうまさではありません。自分の世界をしっかり持ち、相手のことを深い次元で理解することがもっとも重要なのだ、と思わされた瞬間でした。

「単独者」として生きる

「ひきこもる」というと、どうしても「孤独」という言葉が浮かんでくるでしょう。寂しく、悲しい印象を受ける言葉です。そこでお勧めしたいのは、「孤独」という言葉を、「単独」だと考えてみることです。それだけで、イメージがガラッと変わるのではないでしょうか。

私は大学のシラバス（講義要項）に、「単独者として授業に参加すること」と書いています。仲のよい友人同士で、つるんで授業を受けると、得るものが少ないからです。

授業では、友人とは離れた席に座ってもらいます。そうしないと、たとえば四人一組のグループをつくったときに、議論が活性化しないからです。

深い友人関係をつくることは悪いことではありません。しかし、浅いところでつるんでばかりいるのは弊害しかありません。いつもみんなに同調して、枠からはみ出さないように配慮している関係性に、成長は求められないでしょう。とくに若いみなさんには、単独者として生きる覚悟を持ってほしい。本書にも、

「世の中の職業の大部分は、ひきこもって仕事をするものや、一度はひきこもって技術や知識を身につけないと一人前になれない」

とあります。社会に出たら、つるんではいられないのです。

ひと言でいえば「自立」です。

「ひきこもれ」というメッセージと一見、矛盾しているようですが、この「自立」こそが、吉本隆明さんの根本にあるメッセージだと私は思います。

自立することとは、「自分の言葉を持つ」ということでもあります。かつての日本

人は、それが口先だけの言葉なのか、肚から出た言葉なのかを見分けていました。しかし今、上っ面を滑っていく言葉が増えています。

たとえばひとつの意見が主流になったら、それ以外の意見は許されない。空気を読まないことを言えば、いっせいに袋叩きにされる。そうした傾向が、どんどん加速しています。

吉本隆明さんには、大きな流れに抵抗する一本の杭でありたい、という意志が感じられます。潔さと、迷いのなさを感じるのです。それは吉本さんが「自分の言葉」で語りつづけているからだと思います。読んだ人がどう思うかよりも、「自分はこう思う」を大切にする。だから言葉にキレがある。それが、すっきりとした読後感につながっているのだと思います。

吉本隆明とは何者か？

私が学生のころ、吉本隆明さんの作品は必読書として知られていました。とくに『言語にとって美とはなにか』（一九六五年）、『共同幻想論』（一九六八年）、『心的現象論序説』（一九七一年）の三冊は、「三部作」として大変な人気がありました。

私も大学時代、この三冊に夢中になりました。言語とは何か、国家とは何か、心とは何か……。根源にさかのぼって、自分の頭で徹底的に考えつづける姿勢に、ずいぶん影響を受けたものです。

決して読みやすい本ではありません。表現はきわめて難解です。そのため、評価が分かれる部分もあります。それでも自分で考え、自分の言葉で語るという彼の魅力は、今も、多くの人を惹きつけているのです。

吉本隆明さんは、『キッチン』『ＴＵＧＵＭＩ』などの作品で有名な小説家、吉本ばななさんの父親としても知られています。

私はある文章コンテストの審査員を、ばななさんと一緒にやらせてもらったことがあります。印象に残っているのは、ばななさんが、自分の感覚を率直に述べられる方だということ。「私はこの作品が好き」という信念を、はっきり持っているのです。人がどう思うかよりも、「自分の好き」を大切にする。それがこの親子の共通点であると、私は感じました。

先ほど、吉本隆明さんの本は難解で、読みやすいものではないとお伝えしました。しかし、この『ひきこもれ』は、本人の「おしゃべり」をまとめたものですから、きわめて平易です。

この本が難しくて読めない、という人はおそらくいないでしょう。私は小学生を教えていたこともありますが、小学校三年生、四年生でも読むことができると思います。おそらく、二時間もあれば読み終えることができるはずです。

もちろん、大学生が読んでも、大人が読んでも、お年寄りが読んでも、それぞれいろんな発見があるはずです。いわば老若男女、万人に開かれた本だといえます。

子どもがいる人は、親の立場で読むこともできるでしょう。たとえば、吉本さんが子育てで唯一、注意していたのは、「子どもの時間を分断しないようにする」ことだったと語っています。

子育てで大切なことはなんですか、と聞かれて、そんな答えをする人は、おそらく吉本さん以外にいないでしょう。一億人に一人の、面白い答えだと思います。

また、孤独の処方箋として、具体的な提案をしているのも興味深いところです。吉本隆明さんは、引っ込み思案な気質をもてあましているとき、「銭湯と神社のお祭り」で救われたと語っています。

私はその気持ちがよくわかります。私自身、学生時代は銭湯と喫茶店に救われていました。銭湯には、一日二回も行っていたほどです。自分の世界に沈潜するときは、「居場所」も大切なのかもしれません。

また、老年期に入ったとき、どうすれば憂鬱や不安から逃れられるかという、ご自身の抱える問題についても率直に語られています。この部分は、人生の後半戦を迎えた方にとって、大きなヒントになるはずです。

まさに老若男女、万人のために書かれているのが、この『ひきこもれ』という本です。ぜひ、本書を片手に、自分の世界に深く潜る時間を楽しんでもらえたらと思います。

ひきこもれ　目次

第1章 若者たちよ、ひきこもれ
――コミュニケーション能力を過大視するな

第2章 不登校について考える
――「偽の厳粛さ」を子どもは見抜く

第3章 子どものいじめ、そして死について

――「傷ついた親」が「傷つく子ども」をつくる

第4章 ぼくもひきこもりだった
――きらめく才能よりも、持続する力が大事

第5章 ひきこもりから社会が見える
――ぼくがいま考えていること

第1章
若者たちよ、ひきこもれ
――コミュニケーション能力を過大視するな

時間をこま切れにされたら、人は何ものにもなることができない

世の中に出ることはいいことか

「ひきこもり」はよくない。ひきこもっている奴は、何とかして社会に引っ張り出したほうがいい。

――そうした考えに、ぼくは到底賛同することができません。

ぼくだったら「ひきこもり、いいじゃないか」と言います。世の中に出張《でば》っていくことがそんなにいいこととは、どうしても思えない。

テレビなどでは「ひきこもりは問題だ」ということを前提として報道がなされています。でもそれは、テレビのキャスターなど、メディアに従事する人たちが、自分たちの職業を基準に考えている面があるからではないでしょうか。

かれらはとにかく出張っていってものを言う職業であり、引っ込んでいては仕事になりません。だからコミュニケーション能力のある社交的な人がよくて、そうでない奴は駄目《だめ》なんだと無意識に決めつけてしまっている。そして「ひきこもっている人は、将来職業につくのだって相当大変なはずだ。社会にとって役に立たない」と考えます。

でも、本当にそうでしょうか。

ぼくは決してそうは思わない。世の中の職業の大部分は、ひきこもって仕事をするものや、一度はひきこもって技術や知識を身につけないと一人前になれない種類のものです。学者や物書き、芸術家だけではなく、職人さんや工場で働く人、設計をする人もそうですし、事務作業をする人や他人にものを教える人だってそうでしょう。ジャーナリズムに乗っかって大勢の前に出てくるような職業など、実はほとんどない。テレビのキャスターのような仕事のほうが例外なのです。

いや、テレビのキャスターだって、皆が寝静まった頃に家で一人、早口言葉か何かを練習していたりするのではないでしょうか。それをやらずに職業として成り立っていくはずがない。

家に一人でこもって誰とも顔を合わせずに長い時間を過ごす。まわりからは一見無駄《むだ》に見えるでしょうが、「分断されない、ひとまとまりの時間」をもつことが、どんな職業にもかかならず必要なのだとぼくは思います。

一人で過ごす時間が「価値」を生み出す

ぼくには子どもが二人いますが、子育ての時に気をつけていたのは、ほとんどひとつだけと言っていい。それは「子どもの時間を分断しないようにする」ということです。くだらない用事や何かを言いつけて子どもの時間をこま切れにすることだけはやるまいと思っていました。

勉強している間は邪魔《じゃま》してはいけない、というのではない。遊んでいても、ただボーッとしているのであっても、まとまった時間を子どもにもたせることは大事なのです。一人でこもって過ごす時間こそが「価値」を生むからです。

ぼくは子どもの頃、親に用事を言いつけられると、たいてい「おれ、知らないよ」と言って逃げていました。そうして表に遊びに行って、夕方まで帰らない。悪ガキでしたから、その手に限ると思っていました。

そうするとどうなるかというと、親はぼくの姉にその用事を言いつける。姉はいつも文句も言わずに従っていました。

いま思っても、あれはよくなかったなあと反省します。つまり、女の子のほうが親は用事を言いつけやすい。姉本人もそういうものだと思って、あまり疑問をもたずに用足しに行ったりするわけです。

そういったことを当時のぼくはよくわかっていた。そして、うまく逃げながらも「自分が親になったら、これはちょっとやりたくないな」と思っていたのです。

ぼくの子どもは二人とも女の子です。女の子が育っていく時に一番大きいハンデは「時間を分断されやすい」、つまり「まとまった時間をもちにくい」ということなのではないかと思うのです。それ以外のことは、女の子でもやれば何とかなる気がするのですが、これだけは絶対に不利です。

だから余計、気をつけました。お使いを子どもに頼むくらいなら、自分で買い物かごをもっておかず屋さんにでも何でも行くようにしていました。他のことではだらしない、駄目な親でしたが、それは意識してやっていましたね。

つまりそれだけひきこもる時間というものを大事に考えてきたということです。自分の時間をこま切れにされていたら、人は何ものにもなることができません。

ゆくゆくはこれを職業にできたらいいな、と思えるものが出てきたらなおのこと、一人で過ごすまとまった時間が必要になります。傍から見ると、何も作り出していない、意味のない時間に思えても、本人にとってはそうではないのです。

「引き出し症候群」の素人《しろうと》はおっかない

ひきこもることは問題ではない

ひきこもっている人たちを、何とか世の中に引っ張り出そうとして活動している素人《しろうと》の人たちがいます。

テレビを見ていたらこんなことが紹介されていました。もとはスーパーの店長だった人が、ひきこもりの人を集め、普通の人たちと話し合ったり一緒に遊んだりする場をもうける活動をやっている。店を辞めてボランティアでやっているというのです。

よしてくれ、と言いたくなりました。

スーパーの店長として仕事をしてきた人が力を発揮《はっき》できるのは、新鮮で安い商品を仕入れるとか、商品が売れるように品物を並べ替えるとか、そういうことでしょう。ひきこもっている子どもに対してどうするかが専門では決してない。

ひきこもりには二種類あると思います。

ひどい引っ込み思案だったり孤独癖《こどくへき》があったりして、どうも世の中とうまく折り合えず、一人でいるのが楽なんだよという人たち。そして、ある限界を超えて病気の範疇《はんちゅう》に入ってしまっている人たち。

前者のような人は昔からいたわけで、別に問題はない。ひきこもる時間は当人にとって必要な時間です。生きづらかったり、社会に出る時期が他の人より遅れたりすることもあるでしょうが、赤の他人の素人になんだかんだ言われる筋合いはありません。

そして後者の場合は、素人の手に負えるはずがありません。医者とか心理学者とか、そういう専門家の力が必要になってきます。スーパーの店長さんが手を出せば、かならず間違えるでしょう。

つまり両方とも素人のボランティアが出てきても何もいいことはない。百害あって一利なしです。

他人とのつながり方は、それぞれでいい

ぼくは専門家というのは馬鹿にできないと思っています。何であれ、ひとつの職業で食べていくということは大変なことです。だからスーパーの店長さんも、自分の専門の分野で世の中の役に立てばいいのです。

余談ですが、ぼくは昔、失業している時に、理科系の編集者を募集している出版社の入社テストを受けに行ったことがあります。そこで校閲《こうえつ》の試験のようなものを受けたのです。

あんなものは字を知っていればできるだろうとたかをくくっていたんですが、問題用紙の文章を見ると、どこも間違っていないように思える。試験を受けに来た他の奴に「どこも間違っていないように思うんだけど、どうだろうか」と訊《き》いたら、「それは読むからだよ。読んじゃったら駄目だよ」と言うわけです。中身を読むのではなくて一字一字チェックしないと、専門の編集者としては駄目だという。

それで、もう一度よく読み返してみたけれど、三つくらいしか間違いが見つからなかった。それで、見事に落ちました。やっぱり専門家というものは大したものだと思いました。

このスーパーの店長さんのような「引き出し症候群」ともいうべき素人の人たちのやっていることは、実はとてもおっかないことです。

本人たちは善意でやっているつもりで、世の中も、かれらを肯定的に見たりしている。そこには「引っ込み思案は駄目で、とにかく社交的なほうがいいんだ」という価値観が潜在的《せんざい》にあります。

確かに引っ込み思案で暗い人間は、まわりの人にとって鬱陶《うっとう》しいでしょう。でもその人の中身は、一人で過ごしている間に豊かになっているかもしれない。そしてある瞬間に、「ああ、この人はこういう人なんだ」と誰かが理解してくれるかもしれません。その人なりの他人とのつながり方というのがあるのです。

こう考えると、ひきこもりはよくないんだ、と思い込んでいるスーパーの店長さんは、ひきこもりから生まれるものをちっとも見てくれていないじゃないかということになります。テレビのキャスターにしてもスーパーの店長さんにしても、自分の尺度を他人に当てはめ、大きな声でものを言ったり善意の押し売りをするのは愚《おろ》かなことです。

ひきこもることで育つ「第二の言語」

自分に通じる言語をもつということ

ひきこもりが生み出すものについて考えてみます。一人になって自分と向き合う長い時間をもつことが何をもたらすのかについて、「第二の言語」という考え方にもとづいて、説明してみようと思います。

他人とコミュニケートするための言葉ではなく、自分が発して自分自身に価値をもたらすような言葉。感覚を刺激するのではなく、内臓に響いてくるような言葉――。ひきこもることによって、そんな言葉をもつことができるのではないか、という話です。

ぼくは、言語には二種類あると考えています。

ひとつは他人に何かを伝えるための言語。もうひとつは、伝達ということは二の次で、自分だけに通じればいい言語です。

たとえば、美しい風景を目で見て「きれいだね」と誰かに言ったとします。これは、自分の視覚が感じた内容を指し示し、他の人に伝える言葉です。自分の心が感じた内容を表現してはいるのですが、それを他人と共有するという要素も同じくらい大きい。これが第一の言語です。

それに対して、たとえば胃がキリキリ痛んで、思わず「痛い！」と口に出てしまったとする。この時の言葉は、他人に伝えることは二の次です。つまり、意味を指し示して他者とコミュニケートするためではなく、自分が自分にもたらすために発した言葉である要素が強いのです。これをぼくは、第二の言語であると考えます。

第一の言語は感覚器官と深く関わっています。感覚が受け入れた刺激が神経を通って脳に伝わり、了解されて最終的に言葉となる。つまり感覚系の言語といえるでしょう。

他人に伝えるのは二の次でいい

一方、第二の言語は内臓の働きと関係が深い。内臓に通っている神経は、感覚器官ほど鋭敏《えいびん》ではありません。だから痛みにしても、たとえば胃の痛みは皮膚《ひふ》を怪我《けが》した時に比べると鈍《にぶ》い。また、他人から見て、どのくらい痛いのかをうかがい知ることも難しいといえます。

たとえば熱いお茶を飲んだ時、口の中ではとても熱さを感じるけれども、喉仏《のどぼとけ》から下へいくとそれほど熱さを感じません。まさに「喉元過《のどもと》ぎれば……」ということわざの通りです。

ぼくはそれを、下っていく間にお茶が冷めるからだと思っていたのですが、そうではなく、喉から下は感覚が半分くらいしかないのだそうです。ぼくはこのことを、解剖《かいぼう》学者の三木成夫《みきしげお》氏によって知りました。

内臓には、感覚的には鋭敏ではないけれども、自分自身にだけよく通じるような神経は通っている――このことは、とても興味深く、示唆《しさ》に富んでいると思います。

「内臓の言葉」とでもいうのでしょうか、自分のためだけの言葉、他人に伝えることは二の次である言葉の使い方があるのだということです。

内臓に響くような心の具合はひきこもらないと治らない

大勢の人と交わることは必要か

この第二の言語、あるいは内臓の働きからくる言葉とでもいうべきものを獲得《かくとく》するには、ひきこもる要素が必要だということなのです。

ひきこもったりしないで、大勢の人と交わったほうが楽しいし、気分が紛《まぎ》れるということは確かにあります。生きていく上で、それなりの有効性があると思います。でもそれは、感覚的な有効性であり、言ってみれば脳に直結する神経にとっての有効性です。

しかし、内臓に響くような心の具合というのは、それでは絶対に治らない。人の中に出ていって、食事をしたり、冗談話《じょうだん》をすれば助かるということはないのです。

ひきこもって、何かを考えて、そこで得たものというのは、「価値」という概念にぴたりと当てはまります。価値というものは、そこでしか増殖《ぞうしょく》しません。

一方、コミュニケーション力というのは、感覚に寄りかかった能力です。感覚が鋭敏な人は、他人と感覚を調和させることがうまい。大勢の人がいる中に入っていく場合、それは確かに第一番手に必要な能力かもしれません。

しかし、それは「意味」でしかない。「意味」が集まって物語が生まれるわけですから、そういう経験も確かに役に立ちます。

けれども、「この人が言っていることは奥が深いな」とか、「黙っているけれど存在感があるな」とか、そういう感じを与える人の中では、「意味」だけではなく「価値」の増殖が起こっているのです。それは、一人でじっと自分と対話したことから生まれているはずです。

「暗いこと」はコンプレックスにならない

価値を生み出すためには、絶対にひきこもらなくてはならないし、ひきこもる時間が多い人は、より多くの価値を増殖させていると言えます。
でも、コミュニケーションということで言えば、ぜんぜん駄目だということにな
るのでしょうね。「あいつは鬱陶しくてしょうがない」と言われるでしょう。
それでも、その人の内部では、豊かさが増えていっているわけです。他の人には
わかりにくいでしょうが、何かの時に、その豊かさが伝わるということがある。
「よくよく話してみたら、この人はいろいろなことを考えているんだな」と思って
くれる人も出てくるはずです。
ひきこもりの傾向のある人は、暗いとか話が盛り上がらないとか、あいつと一緒
にいても気心が知れなくて面白くないとか、そんなことを言われているかもしれま
せん。もし、それがコンプレックスになっている人がいたとしたら、それは決して
悪いことではないのだということを覚えておいてください。
あなたは、明るくて社交的ではないかわりに、考えること、感じて自分で内密に
ふくらませることに関しては、人より余計にやっているのです。それは、毎日毎
日、価値を生んでいるということなのです。

「孤独」をとことんつきつめて
その上で風通しよくやっていく

「正常」の範囲を狭《せば》めてしまうから、つらくなる

世の中にどんどん出張っていく社交的な要素と、ひきこもりの要素。その両方がバランスがとれているのが、おそらく一番いいことなのでしょう。しかしどんな人でも、どちらかに傾いているのです。

精神科の医者になったようなつもりで、テレビに出てきてさかんにメンタルヘルスということを言う人が増えてきましたが、きれいにバランスがとれている人などいません。「こころの健康」などと言われても、じゃあ健康って何だ？　ということになります。

あまりにも極端になって、どちらか片一方の要素がまったく消えてしまったとい

うことになると、それはもう医者に任せるよりほかにないということになりますが、誰だってどちらかに傾いているのであって、「正常」ということを、あまり狭《せま》くとらえる必要はないのです。

ぼく自身のことを言えば、若い頃から、あいつは孤独癖があるとか、孤独病にかかっているとか、よく言われたものです。世間並みの常識がないとか、人並みに挨《あい》拶《さつ》もできないとか、そんなふうに言われることもありました。

だから、いまで言うひきこもりのことについては、ずいぶんいろいろと考えて、悩みもしました。「これは自分の欠陥かな」と思い、意識的に直そうとしたこともあったのです。ある程度直せたな、と思うと、またもとに戻ってしまって、これは天性《てんせい》というか生まれつきの性格なのだと諦《あきら》めたということもあります。

そこで、ぼくはこう考えることにしました。

「孤独」ということを、どこまで自分の中に呑《の》み込《こ》んで、つきつめていけるか。そしてその上で、どこまで風通しよく生きていけるか。それを目指していこう、と。

そうすると、残るのは「おまえ、おかしいんじゃないか。それはもう病気なんじゃないか」と他人に言われるか、言われないか、という問題です。これはいままでも、われながらすこぶる怪《あや》しいところにいます。

実感の範囲で言うと「こいつ、おかしいんじゃないか」と思われているのではないかと感じる時と、「これはこいつなりのもって生まれた性格で、こういう奴だと思って付き合えばいいんだ」くらいに思われていると感じる時と、両方あります。

ひきこもりは「善悪」とは関係ない

いままで言う「ひきこもり」の病的なものに近いと自分で思って、反省したり直そうとしていた時期は、ひきこもるということを、「いい・悪い」の軸で考えている面がありました。でもいまは、善悪にはまったく関係がないと思っています。

誰でも「意味」に傾くか、「価値」に傾くか、どちらかであって、それは良し悪しではない。性格とか、得意・不得意とか、そういうこととは関係があると思いますが。

ぼくはいままでも、社会性がないとか、おっくうがってやらないことが多すぎるとか、言われることがよくあります。でも、それは自分の欠陥かもしれないけれど、悪とは違うぞ、と考えます。それが、若い時と違う点です。どっちでもいいじゃないか、と思えるようになったのです。

もっと別の言い方をすると、人間の性格は胎内《たいない》で人間として身体の器官がそろって働くようになった胎児《たいじ》の頃から一歳未満の乳児の頃までの間に、主に母親との関係で大部分が決まってしまうと考えるようになりました。

若者になってからひきこもり気質《きしつ》を直そうというのは、もう遅いのです。わざとらしい偽《にせ》の行為になってしまうのが多いです。

社交下手でも恋愛においてハンデはない

夏目漱石《なつめそうせき》の『行人《こうじん》』にみる恋愛心理

ただし、異性に「偏屈《へんくつ》だ」と言われると、いまでも、ちょっとこたえるところがあります。「この性格で損したかもしれないな」と思ったりもする。そういう問題に関しては、相当年を食っても解決していないな、と思うことがあります。

そこで、ひきこもりと恋愛について、ちょっと考えてみようかと思います。

昔、こんなことがありました。ある学校に行って、壇上でしゃべっていました。波風が荒い頃で、「あいつをやっつけてやろう」と思って会場に来ている人が大勢いる。こちらがしゃべっていることをことごとく妨害《ぼうがい》するわけです。

しまいにはこっちが怒り出して「よし、それじゃあやってやろう」と壇を降りて、一番激しく野次《やじ》っている奴のところへ行って胸ぐらをつかみました。そうしたら、すぐそばにいた女の学生さんがぼくに「知識人が暴力をふるうとは何事ですか」と言ったのです。その言葉を聞いたとたん、ぼくはショックを受けて、「これはいかん」という感じで手を引っ込めました。そして壇の上に引き返して、その場を収めてしまいました。後になって「ちきしょう、やればよかったな」と思ったのですが。

たとえば夏目漱石《なつめそうせき》なども、社交下手《べた》な人にとっての異性や恋愛の問題にこだわりをもちつづけた人です。生涯、この問題に引っかかっているといっていいほどです。

それが一番よくわかるのは、『行人《こうじん》』という作品です。

主人公は、自分の嫁《よめ》さんと弟が仲がいいのではないかと疑います。そして、一家で旅行に行った時、二人が他の者たちと少し離れた場所で泊まるようにわざと計《はか》らうのです。なぜ兄がそんなふうに弟を疑うのかというと、自分が学者肌《はだ》の社交下手で、他人とうまくコミュニケーションできないからです。この兄は、ほとんど漱石自身です。

それに対して弟はとても素直で、思ったことを何でも自然に声にできる。兄から見れば、自分の嫁さんは自分とはあまり口を利《き》かないのに、弟とはよく自然な調子で世間話をしているじゃないかということになります。それがこうじて、嫁さんは弟のほうが好きなんじゃないかと思ってしまうのです。

漱石は、お弟子さんにも慕《した》われて、文学的な名声も得て、かつては千円札にもなって……という人ですが、ひきこもり的な性格の人の恋愛について、考えすぎるほどに考えています。

生まれつき自分が社交下手だということがまずあったでしょう。そういう人間の異性に対する情感や愛情がどうなっていくのか、それを解きたくてしょうがないという思いがあって、そういう性格を負《お》わせた小説を書いた。ぼくなどと違って、格段にものを深く考えている人ですから、とても興味深い小説なんです。

問題は自分にとって好ましいかどうかだけ

恋愛について言えば、ひきこもりの人は不利ではないか、損するんじゃないかということは、ある程度は言えるかもしれません。でも、本質的なところでは、そう変わらないのではないかというのがぼくの考えです。

恋愛というのは、お互いがある距離内に入らないと成立しないものです。そして、何かの拍子にその距離に入ってしまえば、遠くから見ていた時とは別のものが見えてくる。そうすると、社交的であろうとひきこもりであろうと、美人であろうと不美人であろうと、そんなことは意味をなさなくなります。世間的な価値判断は関係なくなって、自分にとって好ましいかどうかという問題だけになる。

その距離になった時に決め手になるのは、遺伝子が似ているというか、細胞が何となく合っているというか、そんな感覚なのではないでしょうか。うまく説明するのは難しいのですが、たとえば双子《ふたご》の人だと実感としてよくわかる感覚なのかもしれません。それ以外のことは全部、問題ではないし、問題にするのはおかしいという気持ちになるのが恋愛だという気がします。

だから、ちやほやされたいとか、いつもたくさんの異性に囲まれていたいとか、そういうことはひきこもりの人は難しいかもしれませんが、本質的な恋愛について言えば、何の問題もない。保証してもいいくらいです。

ぼくは、ひきこもりの人が、好きな異性ができたことをきっかけに社会との関わりを回復していくということはあると思います。実際問題として、「この人と結婚したい」と思ったら、仕事もしないといけないわけですから。

「食べさせてもらえる」環境からの自立

いま、ひきこもりの人が増えてきたのは、親も世の中も、ある意味で「ゆるく」なっているからだという見方もできます。

ぼくは、これまで話してきたように、分断されない一人の時間をたくさんもつことは必要だと思いますし、他人とうまくコミュニケーションできないことが悪いことだとは少しも思いません。

けれども現実問題として、定職につかず、ひきこもって暮らすことが許されるのは、経済的に豊かになって「明日食べるものがないかもしれない」ということがほとんどなくなったからだという面があります。本人のせいというより、社会状況がそうなっているのです。

昔は親が「食べていく」ことに必死だったから、子どもも緊張感をもって生きていました。けれどもいまはそれがない。

昔の親は、とにかく「食べさせている」ということで、誇りとか驕《おご》りとかがあったから、「おまえはこうしろ」みたいなことが言えたわけです。しかし、食べていけない状況がほとんどない世の中になって、どう子どもを扱ったらいいのか、親もわからなくなってきている。

子どもにしたって、せっぱ詰まった状況にいないわけですから、自分にとって一番価値があると思えることをやっていたいし、それができてしまうわけです。

異性というのは、そういう状況から抜け出すひとつの契機になりうるのかもしれません。親に食べさせてもらっている状態では、好きな人と暮らすことはできないわけですから。

第2章

不登校について考える

──「偽《にせ》の厳粛《げんしゅく》さ」を子どもは見抜く

ひきこもりも不登校も病的な状態ではない

「気《き》質《しつ》的ひきこもり」の区別

ひきこもりという言葉が曖昧《あいまい》に使われていると思うことがあります。

たとえば、見ず知らずの人にいきなり危害を加えるような事件があったとする。その容疑者が家からほとんど出ないで暮らしていたとすると、一緒くたにして「ひきこもり」と言われてしまいます。

けれども、そういう人はたいてい病院に通って治療中で、でも少しよくなったというので病院に行かないで家に閉じこもっている時に事件を起こしています。薬をきちんと飲んでいれば治るのに、それをしていないなどの理由がある。これはもう、医者の領域の問題なのです。

ほとんどのひきこもりの人は、気質《きしつ》的に人と交わるのが嫌いで、家の中でも必要なこと以外あまり話したくないから、一人でゲームをやったり本を読んだりしていたい、というようなタイプです。医者の治療が必要な人たちとは違うのです。

ぼくは、子どもの時から「気質的ひきこもり」だったから、そういうことが実感上とてもよくわかります。人の中に出るのが苦痛で、ただおとなしくその時に興味のあることをやっていれば、一日が過ぎてしまうのです。

なのに、メディアが取り上げる時には、何となく区別を曖昧にして、両者を一緒くたにしてしまっている。確かに昔に比べて、病気の人とそうではない人が区別しにくくなっている面はあるかもしれません。しかし「これは病気であって、ひきこもりとは違うよ」という例まで、ひきこもりに入れてしまっていることが多いのです。

問題視しすぎるから、不登校に追い込まれる

これは、不登校の問題にも言えることではないかと思います。自分の意志だけで

もって学校に行かないのなら、それは別にどうということはありません。

建て前ばかりの学校の雰囲気が嫌でしょうがない。あるいは、授業が馬鹿馬鹿しくて聞いていられない――。そういう理由で学校に行かないのは、冷静に考えれば異常でも何でもありません。それはそういうこともあるだろうな、と思います。学校側が大騒ぎせず、ある程度許容してくれれば、適当にさぼって、行ったり行かなかったりしながら、何とか卒業していくでしょう。学校なんてそれで十分なのです。

精神が病的な状態になっていて学校に行けない場合は、ひきこもり同様、医者の領分です。しかし、ここでもやはり、両者が一緒くたにされがちな状況があります。

病気とそうでない場合の区別がしにくい時代のせいもあって、学校も社会も、ちょっと病的な部分が見えたらそれを強調して、不登校全体を大問題であるように扱ってしまっている。

だいたい学校でも会社でも「面白くないから今日は行きたくない、休んじゃおう」というようなことは誰にでもあることで、あまり問題にするのはおかしいんです。「まあ、そういうこともあるよな」くらいで勘弁《かんべん》してくれればいい。

ところが、入学試験の競争が大変になったり、先生自身も評価されるようになったりと、教育そのものが厳しくなってきていますから、そう呑気《のんき》なことは言っていられない現状があるのでしょう。

それで、不登校の原因のささいな部分を拡大して「こういうことはよくない」「こうだから駄目《だめ》なんだ」と夢中になって追及していく。先生自身が社会から追い立てられ、競争のさなかにいるから、子どものお尻をひっぱたいても、何とか状況を抜けていくという、そんなやり方を選ばざるをえなくなっています。

また、親にしても、自分の子どもがゴロゴロしているというのは面白くないから「学校にも行かないで、何やってるんだ」となる。そのうちに不安になってきて「何でもいいからとにかく学校に行ってもらわないと」となっていくのです。

子どもが不登校なのは、学校、または親がだらしないからだという理解の仕方が一般にあるから、先生も親も理由探しに懸命《けんめい》になる。それでどうなるかというと、ちょっと病的に見える部分を強調します。

子どものほうは、放っておいてくれれば適当にさぼりながらまた学校に行ったりしたかもしれないのに、あまり抑圧が強いから、不登校になりきるより仕方なくなっていく。学校に行けと追い立てられたり、行かないことに罪悪感をもたされたりするのはつらいから、「何か根拠があったほうがいいよなあ、病気ということになったほうが楽だよなあ」となっていく面があるのではないでしょうか。

「偽《にせ》の厳《げん》粛《しゅく》さ」に耐えられない子どもが不登校になる

教室に流れていた嘘《うそ》っぱちの空気

不登校について考える時にぼくがいつも思い出すのは、子どもの頃、教室に流れていた嘘《うそ》っぱちの空気です。

偽《にせ》の真面目さ、偽の優等生、偽の品行方正——先生が求めているのは、しょせんそういったもので、見かけ上だけ、建て前だけ申し分のない生徒でいればそれでいいのです。生徒のほうも小学校高学年くらいになるとよくわかっていて、「それに合わせればいいいんだろう」と思って振る舞っている。

ぼくはそれを「偽の厳粛《げんしゅく》さ」と呼んでいますが、とにかく先生と生徒の両方で嘘をつきあって、それで表面上は何事もなくうまくいっているような顔をしているという、そういう空気がたまらなく嫌でした。

嘘は誰でもつきますが、嘘をつきあって、それでいて真面目で厳粛であるというのは、いくら子どもでも耐えがたいわけです。だから、学校というのはなんて嫌なところなんだろうと思っていました。

実際、小学校高学年から中学校くらいにかけて学校に行くのがきつくてたまらなくて、よくさぼっていました。いわば不登校的な要素の強い生徒だったのですが、それは「偽の厳粛さ」のせいです。

授業と授業の間の休み時間、ぼくらの頃は遊び時間と言っていましたが、あの時間が唯一《ゆいいつ》、息苦しさを緩和《かんわ》してくれる要素でした。あれがなければ、ぼくだって相当おかしなことになっていたと思います。

だいたい、教室の中で勉強がよくできるなんていうのは、偽の頭のよさだということくらい、ほとんどの生徒はわかっています。

子どもを苦しめているものの正体

ぼくは当時、学校の勉強がわりにできたのです。だから、先生のほうも「こいつ、いやがっていい加減に授業を受けてるな。生意気な奴だ」と思っていたはずなのですが、何も言いませんでした。

そう思っているのなら、その通り言ってくれればいい。「おまえ、勉強ができればそれでいいってもんじゃないんだぞ」と、教師が率直に言ってくれるような雰囲気があれば、それが一番いいわけです。しかし、そこのところは偽の感情の交流でもってすまされていた。どこまでいっても偽物なのです。

いまの学校でも同じようなことが起こっているのだろうと思います。

それが偽物であろうと、一応の真面目さ、厳粛さのようなものが教室に漂ってさえすれば、教師は文句を言わない。生徒も「偽の厳粛さ」のために我慢《がまん》する。我慢して我慢して、「学校というのはこういうものなんだ、仕方がないんだ」と諦《あきら》めて過ぎていく。この「過ぎていく」ことに耐えられない子どもが不登校になるのです。

おまけにいまの社会では、この時期に将来のことまでが何となく決まってしまうところがある。いま落ちこぼれたら将来はないぞ、というような嫌な圧迫感が、現代の子どもを苦しめ、より大きな負担になっているのではないでしょうか。

「偽の厳粛さ」のくだらなさ、いやらしさ、空虚さ。それを、生徒はちゃんと見抜いています。だから感受性が強くて鋭い子どもほど学校が嫌になる。病的な理由で不登校である子は少ないのです。

教師が生徒と向き合おうとするから生徒は迷惑する

「余計なこと」はしないほうがいい

教師は黒板に向かって数式を書いたり、文法を説明したりして、授業をきちんとこなしてくれればそれでいい。生徒にいつも背中を見せていればたくさんなのです。

それなのに、生徒のほうを向いて、授業以外のことについても広範囲に問題の種を見つけ「これでは駄目だ」などということを言う。倫理的なお説教のようなものを生徒に向かってやろうとするわけです。

しかしそこには本音もないし率直さもない。上《うわ》っ面《つら》だけです。

そんなことは要《い》らないとぼくは思います。余計なことはやらないほうがいいのです。自分の考えを披瀝《ひれき》して「こうでなきゃ駄目なんだよ」などと言う嘘っぽさ、偽物の道徳性は、生徒にはとっくにばれています。

小学校の上級生くらいから、黒板に向かっている後ろ姿を見るだけで、子どもには「この先生、ゆうべ勉強してこなかったな」というようなことがわかります。たとえば担任の先生ならば、教師がことさら何かを言わなくても「この先生はぼくのことをよくわかってくれているな」とか、「この先生の性格は、ぼくは好きだな」などと判断できるものなのです。

いまの学校が子どもに身につけさせるもの

「とにかく教師は生徒に向き合うべきだ」という考えには、子どもを「指導」してやろうという、プロを自任する教師の、ある種思いあがった気持ちがあります。そんなことをしなくても、毎日後ろ姿を見ているだけで、子どもはいい先生を見抜きます。自分の好きな先生を見つけて、勝手に影響を受けていくのです。

それを、向き合って何かを伝えようとか、道徳的な影響を与えようなどとするから、偽の厳粛さが生まれ、子どもに嫌な圧迫感を与えるのです。不登校が長引く原因も、こんなところにあるのではないでしょうか。

学校というものが、もっと率直な空気の流れる場所になってくれないものかと思います。

子どものほうも「それは嘘なんじゃないか」ということを言ったほうがいい。教師や親は、自分が子どもだった時のことなんか、けろりと忘れてしまっていますから。

教室にあった「偽の厳粛さ」に、子どもたちはその後の人生のあらゆるところで遭遇《そうぐう》することになります。ぼくなどは、それが日本の社会の諸悪の根源なのではないかと思うことがあります。

会社でも、家庭でも、どこか率直ではないというか、本質と別のところで上っ面の調和を保っているようなところがある。たとえば国会での政治家たちの論戦などはまさにそうです。

二〇〇二年の議員秘書給与の流用問題にしても、あれは結局、偽の真実さを競い合っているのです。実に馬鹿馬鹿しい。あの政治家たちを見ていると、小学校の時の教育が悪かったのだろうと思わずにいられません。「偽の厳粛さ」を人一倍学習すると、あんなふうになってしまうよ、ということです。子どもの頃に身につけたものは、長く残りますから。

不登校の人たちだけでかたまってしまうのはよくない

一般社会と自分を区切らないほうがいい

前に述べたように、不登校の子どもたちは異常でもなんでもなく、学校の欺瞞《ぎまん》性のようなものを鋭く見抜いている場合が多いといえます。ある意味でとてもまっとうな感受性をもっているのです。

けれども、だからといってかれらが学校にまったく行かなくなってしまうことがよいことだとは、ぼくは思っていません。不登校の人たちだけでグループを作ってかたまってしまうことも、やめたほうがいい。

ひきこもりの人を社会に引き出そうという人たちがいるのと同様に、不登校の子どもたちだけを集めて、かれらを何とか「改良」していこうというような人たちがいます。でも、そういうやり方は駄目だと思うのです。

いまの学校制度は確かによくないけれども、その制度の中にいて、自分の中の違和感を大事にしていくほうがいいと思います。

不登校の子どもたちは、優秀で判断力が優れていたりしますから、学校なんていうものとは縁を切って、同類同士で集まったほうが利点があると考えるかもしれません。

でもぼくは、一般社会の中にいて、不登校的な生き方を貫いていくべきだと思うのです。自分たちが優れていると思っている人も、その逆の人も、一般の人たちとは別に自分たちだけの社会を作ろうとは思わないほうがいい。

なぜかというと、閉じられた集団に身を置くことは決していいことではないからです。スタートの時点から、一般社会と自分を区切るようなことをしてはいけない。自分を特別な位置に置いてしまうと、世の中にはいろいろな人がいて、考え方は違ってもみんな平等なんだ……ということが成り立たなくなってしまいます。

それに、同質の者が集まって作る世界は傷つくこともなく快適ですが、先が閉じています。発展していく余地がないのです。いくら立派な理由があって作った集団でも、始末におえないものになってしまう恐れがあります。

確かに学校にいると、くだらないことや嫌なことがたくさんあります。でも、前にも述べたように、学校などというものは、適当にさぼりながら何とか卒業するくらいでいいのです。重たく考える必要はありません。どうしてもみんなと一緒にやらなくてはいけない最小限のことだけをやる。その上で、自分の中の不登校的な感覚を失わずにやっていけばいいのです。

フリースクールについて思うこと

学校に行かずに、民間のフリースクールのようなものに通っている子どもがいます。このフリースクールというのも、小さくてもひとつの学校としてちゃんと機能するならば、いいのではないかと思います。

まず、小学校なら小学校、中学校なら中学校の卒業資格がもらえること。教師が素人《しろうと》のボランティアなどではなく、資格や給与がきちんとしていること。学校運営の費用などについても、国が私立の学校と同様に、補助なり給付なりをしていること。そうした条件を満たせば、同質の人たちが狭《せま》い集団を作って何かやっている、というのとは違うと言えます。

従来の学校とは違う理念をもっていて、自分に合っていると思う子どもが選択して入ってこられるのならば、新しいタイプの学びの場としての可能性を感じます。

子ども自身も、自分に対して寛大《かんだい》になってしまっている面がある

安易に許容された子どもたち

ぼくは実際に、不登校の子どもたちと関わりをもったことがあります。中学校や高校を途中でやめた不登校の子どもたちが集まって新聞を作っているグループがあって、何年か前にインタビューを受けたのです。

かれらは普通の子どもたちよりよほど鋭いという印象で、判断力もありました。当時のぼくは、そのことにちょっとした驚きを感じました。やはり、かれらはあまりに勘がいいというか感覚がよすぎて、先生や親の考え方や授業のやり方を馬鹿馬鹿しく感じたのではないか。不登校というのは子ども本人のせいというより、社会のせいなのかもしれないな、と思ったのです。

でも、かれらと接した中で、ひとつ気になることがありました。かれらはぼく以外にも、いろいろな人に話を聞いたり、原稿を頼んだりして回ったのだと思います。そこで、集まった意見を本にして出版すると言い出したのです。出版社に掛け合って、実現にこぎつけられそうなところまできたという。ぼくなんかにはあまり注文も来ないような、大手の出版社です。

ぼくは「ちょっとそれは、商売がうますぎるんじゃないか」とかれらに言いました。誰が出版を思いついたのかと聞いたら、自分たちで発想したわけではなく、取材した先生方の何人かが、これをまとめて本にしたらどうかと言ったのだそうです。出版社にも多少、口添《くちぞ》えできるからと。

「それならばまだいいけれど、あまりそういうところで賢《かしこ》くなりすぎないほうがいいと思うよ」とぼくは言いました。

ひきこもりのところでも述べましたが、マスコミに取り上げられたり、メディアに乗ってものを言ったり、そういうことが偉いのでも何でもない。安易にそちらのほうに行ってしまわないほうがいいということです。

本を出したいと子どもたちが言ってきた時、ぼくは正直言って、この子たちは存外、自分に対してゆるいというか、自分を許すという面で寛大《かんだい》になってしまっているんじゃないかと思いました。

目先の利《き》く人間にならないほうがいい

ぼく自身のことを言えば、ものを書いてそれが何とか職業になったのは四〇歳前後です。それまでは一日おきに特許事務所に通って働いて、空いた時間に原稿を書いて、時々印税をもらうという生活でした。

四〇歳になった時に、どうしようかと初めて考えました。特許事務所も悪くはないけれど、ぼくは工科系の学校を出ていますから、本来はものづくりの現場で働くのが望みだったのです。

技術者なのだから会社の技術的なことに携《たずさ》わるのが本来的であって、特許事務所のような紙の上の仕事はちょっと違うという気持ちがありました。技術の仕事を職業にして、暇《ひま》な時に好きな詩や文章を書いて、という生活ができれば一番いいと思っていたのです。生涯ひっこんだまま、技術屋として生きていこうと。しかし技術の仕事に携わることはできそうもないし、会社のほうは、毎日会社に来るか、そうでなければ辞めてくれと言ってくる。それで、いっそ書くこと一点張りで生活していこうと決心したわけです。

家の者は、どうやって食べていくのかと心配していましたが、どんなものでも注文があれば書く、そば屋の雑誌にでも何でも書こうという姿勢でやっていけば何とかなるのではないかと思ったのです。

三〇年以上も前の話ですし、自分がそうだったからおまえたちもそうでなくてはいけないなどと言うつもりはありません。

しかし、「これを本にします」と言ってきた子どもたちを見て、それはあまりにも安直ではないかと思ったのです。安易に許容される自由さが拡大したことの、いい面よりも悪い面が出てきてしまったのではないか、と。

不登校の子どもたちは、大人ときちんと話もできるし優秀です。だからこそ、変に目先が利《き》く人間にはならないほうがいいと思います。

学校なんかに期待する親は大きな間違いを犯《おか》している

学校の勉強さえしていればいいのか

ほとんどの親が間違えているのは、学校というところは勉強をするところだと信じているところです。自分の子どもは学校で一生懸命勉強していると思い込んでいる。だから、子どもを学校に行かせることにこだわるのです。

確かに義務教育くらいまでは、一生懸命勉強して何かを覚えようとしている子どももいるでしょう。でも、高校生や大学生になると、つまらない講義を居眠りしたり、さぼったりしながら聞いているのが普通です。そこそこの点数で何とか上に上がっていけばいいと、ほとんどの学生が思っているのです。親は、学校に過大な期待をしないほうがいいと思います。

ぼくの経験を述べてみます。

一九六〇年頃の政治的な騒動（安保《あんぽ》闘争）の時、「学校なんか馬鹿馬鹿しくて行っていられない」と、途中でやめる学生がずいぶんいました。いったん退学したけれども復学しようか迷っている学生や、退学したことで親ともめて悩んでいる学生など、いろいろでした。

時には自殺してしまう学生もいました。死んでしまった学生がぼくの書いたものを読んでいたような場合、仲間や友人が連絡してくることがあって、そんな時は葬《そう》式《しき》や納骨《のうこつ》の時に参列しました。

そうすると、本人の親御《おやご》さんがぼくに「おまえみたいな奴の本なんか読まずに、ちゃんと学校の勉強さえしていたら、こんなことにはならなかった。うちの子はあんなに真面目だったのに」というようなことを言うわけです。面と向かって言われたこともありますし、暗にほのめかされたこともあります。

ぼくは恐縮して聞いていましたが、この人たちはひとつ間違えているところがあると思っていました。「おまえなんかの本はろくなもんじゃない」というのは確かにその通りで、異論はありません。でも「学校にさえ行っていれば」「学校の勉強さえしていれば」という前提は間違っています。

親は自分が学生だった頃を忘れている

親というのは一様に、自分の子どもが学校制度の中で真面目に勉強して卒業していくものだと思っているのです。そうすれば間違いはない、社会に出てちゃんとやっていけるのだ、と。一〇人親がいれば一〇人ともそう思っているということが、その時よくわかりました。学校制度とか、学校でする勉強というものを信じきっていて、だから「学校に行かないなんてけしからん」となるのです。

しかし、それはおかしい。親だって、自分が生徒や学生だった頃のことをよく思い出してみれば、そんなことは嘘だとわかるはずなのです。自分だって、適当に遊んで、適当に及第点を取ってというようにやってきたに違いないのです。よほどの優等生以外、そんなものです。

それをけろりと忘れて、子どもに対しては、真面目に勉強しているはずだという仮定をして安心している。それはなぜかというと、やはり、小学校や中学校の時に体験した「偽の厳粛さ」の弊害《へいがい》があるのではないでしょうか。大人になってから学校というものを思い出す時、記憶の中から一番取り出しやすいものが、あの独特の厳粛な雰囲気なのでしょう。それが偽物だったことは忘れてしまって、一般的な「学校」のイメージとしてどこかに残っているのです。

だから、そこのところだけを取り出して、学校の印象を再構成してしまう。細かい部分や、自分自身の気持ちというのは、よほどていねいに検証していかないとリアルに思い出せないものです。

本当は、学校は真面目に勉強するところだなんて嘘なんだということを、誰かがちゃんと言ったほうがいいのです。そのあたり、文学者というのは馬鹿正直なところがありますから、けっこうはっきり言っている人がいます。

たとえば太宰治《だざいおさむ》は、小説の登場人物に、学校なんてものは、カンニングしても何でもいいからとりあえず出ておけばいいんだと言わせている。また、武田泰淳《たけだたいじゅん》は、大学を中退した奴じゃないと信用しないと書いています。

勝手な言い草のようですが、それなりの確信があって言っているのです。こういう人たちのほうが、よほど正直でまっとうです。自分の子どもは真面目で立派だなんて思い込む親より、ずっといいという気がします。

第3章 子どものいじめ、そして死について

——「傷ついた親」が「傷つく子ども」をつくる

いじめる子どもと、いじめられる子ども　どちらも心が傷ついている

子どもの心の傷の原因は何か

いじめの問題で忘れてはいけないのは、いじめる子どもと、いじめられる子どもの両方が問題児なのだということです。

問題児とは何か。それは、心が傷ついているということです。

たとえば、元気で乱暴な子どもが、おとなしい子どもをいじめていたとする。両者は正反対のタイプのように見えるかもしれませんが、心に傷をもっているというその一点において共通しています。

おとなしい「いじめられっ子」が感受性が強く、粗暴な「いじめっ子」が鈍感であるということなのではありません。「いじめっ子」もまた、繊細《せんさい》な心をもってい

ます。いじめとは、傷ついている子ども同士の間で起こる出来事なのです。

では、子どもの心の傷の原因は何なのか。

やはり、それは親だと言わざるをえません。育ってきた過程において、親との関係の中で傷つけられているのです。

ただしぼくは、ここでいう「傷ついた子ども」が、親が子どもに対して行った言動によって傷ついたというふうにはとらえていません。つまり、親が子どもに何かひどいことを言ったり、冷酷《れいこく》な仕打ちをしたりしたから傷つく、というのとは少し違うと思っています。

問題は、親が子どもにどう接するかではなく、親自身の心の状態がどうであるのか、ということなのです。

子どもは母親の胎内《たいない》にいるときから生後一年くらいまでに、のちの人格形成につながる、とても大きな影響を受けるというのがぼくの持論です。この時期に、母親の気持ちが安定していなかったとしたら、それは子どもにとってはとても大きな、存在をおびやかされるようなことです。

たとえば夫と諍《いさか》いが絶えなかったとか、経済的な面でいつも心配があったとか、姑《しゅうとめ》とうまくいっていなかったとか、健康がすぐれなかったとか、そうした理由で母親が不幸な状態にあったとする。そうすると、子どももまた、決して安心感を得ることができません。

なぜなら赤ん坊というのは、胎児《たいじ》期はまさに母親と一体ですし、乳児期も、お乳をもらったりオムツを替えてもらったりと身近な人に世話をしてもらわないと生きていけません。

親が世界のすべてであり、親と自分はほぼイコールであるこの時期は、親の心の傷を、無意識のうちに自分の心の傷にしてしまう時期なのです。

ぼくが「傷ついた子ども」というのは、そういう意味です。つまり、傷ついた親の手で育てられた子ども、ということです。大人は自分の傷に無自覚ですから、まさか自分のせいで子どもが傷ついているとは思わないかもしれませんが。

母親だけが悪いわけではない

一歳まで安心感をもって育たなかった子どもというのは、その後、ずっと苦労をする。それは、あまり他人に言えない苦労なのではないかと思います。

ただし、すべてを母親のせいにするわけではありません。原因は母親が不幸であることなのですが、不幸のもとを作っているのは夫だったり家族だったり社会だったりするはずです。

ですから極端なことをいえば、いじめを始めとして、いま子どもたちに起こっているさまざまな問題を少しでも予防するには、国がお金を出して、妊娠中から子どもが満一歳になるまで母親が安心して暮らせるように生活を保障するとか、精神的な安定に力を貸すとか、そうするしか手がないのではないかとも思います。

その間、勤めを完全に休んでも給料がもらえるようにして、子どもが一歳になったらもとの仕事にちゃんと復帰できるようにする。そのくらいのことをしないと駄目《だめ》なのではないでしょうか。

とにかく、親の心が安定していないと、まともな子どもは育たないのです。

いじめている子どもを叱《しか》っても何の解決にもならない

強いから、いじめるのではない

いじめに話を戻しましょう。いじめる子どもも、いじめられる子どもも問題児であり、心が傷ついていると述べましたが、ぼく自身、いじめ体験といじめられ体験の両方があります。やはり、育てられる過程で、相当まずいことがあったのではないかと思っています。

大きくなってから改めて思い返すと、いじめるほうも、いじめられるほうも、変なところで強がるけれども、あるところではとてもびくびくしていた。結局は同類なのです。だから、いじめているほうだけを叱《しか》っても、問題は解決しません。

たとえば先生が出てきて、いじめた子をいさめて説教したとします。いじめられていたほうの親は「よく言ってくれた」と思うかもしれないけれども、いじめっ子の心の傷はいつまでも癒《いや》されない。ずっと残ります。

とにかくいじめるほうが悪いのだから、そういう悪い子の心は少しくらい傷ついても当たり前だと思うかもしれません。しかし、それは違います。いじめっ子というものに対する理解が根本的に間違っているのです。

いじめっ子というのは、いじめられっ子同様、傷ついた経験が身体に染《し》みこんでいるというか、無意識の中に苦しみがたくさんある。人をいじめて威張っているように見えても、本当はつらいのです。大人が出てきて仲裁《ちゅうさい》したら、より深く傷つけるだけです。

たとえば、いじめられて我慢《がまん》していた子がある時本気で怒って、クラスのみんなで結束して、自分たちだけで「あいつ、やっちゃおう」となって逆にやっつけるというようなことが時として起こりますが、そういうほうがいいのです。

なぜいいかというと、そうなると、いじめっ子のほうが収まるからです。それ以外の解決法は、どんなものであっても駄目です。目上の人が出てきたら、かならず片一方だけよくて、片一方は悪いことになってしまいます。

ぼくは悪ガキで、相当ひどいいじめっ子だったのですが、ある時、ぼくがいじめていた子が、履《は》いていた下駄をいきなり脱いでバカッと頭をひっぱたいてきたことがありました。

堪忍袋《かんにんぶくろ》の緒《お》が切れたのでしょう、あとさき考えずに、めちゃくちゃに殴《なぐ》ってくる。もう、痛くて痛くてしょうがないんです。何とか立ち上がった時には、相手はもう逃げてしまっていました。

その時、頭を殴られたのに、どうして膝《ひざ》がガクッと落っこちてしまったのかと不思議に思いながら、「ああ、こういうことはするもんじゃないな」と痛感しましたね。面白半分で人をいじめたりするのはよくないと、つくづく反省しました。

いじめられる側の心理

いじめられもしました。近所のいじめっ子にいじめられて帰ってきて、兄貴や親父に、「あいつの親父は、舟なんか片手で持ち上げられるそうだぜ」と、その子の言葉を真に受けて言ったら、「バカ、そんなことがあるもんか」と笑い飛ばされたことがあります。

そんなことは常識で考えたらありえないし、何でもない時だったら馬鹿馬鹿しいと思うのでしょうが、いじめられる側の心理状態では本当に思えてしまう。そこがいじめの怖さです。

子どもだけではなく、大人でもそうでしょう。政治家の偉い人が何か言うと、でたらめなことでも本当だろうと思ってしまったりしますから。

とにかくいじめは、当事者同士で解決させるしかありません。子どもが自分で「これはいかん」と気づくしかないのです。

そして、忘れてはいけないのは、いじめは強い子と弱い子、悪い子と良い子の間で起こるのではなく、傷ついている者同士の間に起こるということ。片方を叱ってやめさせればいいというものではありません。

子どもの自殺は親の代理死である

子どもはなぜ、死を選ぶのか

子どもがいじめられて自殺したような場合、それは親が自殺したというのと同じです。つまり、親の代わりに子どもが自殺したのだと思えば、それが一番真実に近いのです。

親が子どもに「命は大切だぞ。いくらいじめられても、死んだりするものじゃないよ」などと、いくら言っても無効です。なぜなら、子どもの自殺は、親の代理死なのですから。

ひどいいじめを受けたとしても、死なない子は死にません。

自殺する子どもは、育ってきた過程の中で、傷つけられてきた無意識の記憶があるのだと思います。子どもが受ける無意識の傷とは、前に述べたように、子どもを育てる親自身が傷ついていたということです。傷ついた親に育てられた人は、死を選びやすいのです。

親から子への自殺願望の転移《てんい》

「もう自殺するよりほかにない」というほどの体験を、子どもが単独でするとは考えにくいとぼくは思います。

いまの子どもは、加減というものがわからなくなっているから、たとえば鉄の棒でひっぱたいて相手を死なせてしまったというようなことは、起こりえないとは言えないでしょう。しかし、精神の体験としては、死を選ぶほどの体験を、子どもがみずからしているわけがありません。

結局は、親の真似《まね》なのです。

心の奥のほうで、無意識のうちに「死にたい」と思っているけれども実行には移さない親がいる。その死への傾斜を、これまた無意識のうちに感じ取った子どもが、何かのきっかけで実行に移してしまうのです。

臨床《りんしょう》心理学の先生がこんなことを話していました。

ある人のカウンセリングをして、その帰りに駅で電車を待っていた。ホームに電車が入ってくると、なぜだか知らないけれど、飛び込みたくて仕方がなくなるのだそうです。

自分は自殺したいという気持ちはまったくないのに、いったいどうしたんだろうと思ってよくよく考えてみると、その日カウンセリングをした患者さんが、強い自殺願望をもっていた。その自殺願望が転移《てんい》したとしか考えられないと言っていました。

大人同士で、赤の他人でさえそうした影響を受けるのです。親の心の傷を子どもが自分のものとしてしまったり、親の死にたい気持ちを自分が現実化してしまうことは、十分にありえると思います。

自分の子どもに自殺された親たちが、同じ境遇の人同士で集まって会を作り、子どもの自殺を防ぐための活動を行っているという話を聞きます。そうした親たちは、何か考え違いをしているという気がしてなりません。残酷《ざんこく》なようですが「あなたの子どもは、他でもない、あなたの代わりに死んだのではないですか」と言いたくなるのです。世間を啓蒙《けいもう》して回る前に、自分自身を見つめたほうが早いのではないか。そう思うのです。

大人になってから親の代理死としての自殺をした三島由紀夫《みしまゆきお》

三島由紀夫さんは「傷ついた子ども」だった

大人になっても親の代理死としての自殺をする人がいます。

太宰治《だざいおさむ》や三島由紀夫《みしまゆきお》といった人は、その要素が強いといえるのではないでしょうか。二人とも、傷つけられた子どもがそのまま大人になって文学をやったような面があります。かれらが死を選んだのは、実は親のせいである部分がかなりあるのではないかとぼくは思っています。

三島さんなどは、まさに「傷ついた子ども」だったのだと思います。そのためにずいぶんと、他人に言えない苦労をしたはずです。

彼の育てられ方は、とてもめちゃくちゃです。母親は赤ちゃんが可愛《かわい》くてしょうがなかったのですが、やかましいおばあさんがいた。神経症と言っていいほどのおばあさんです。

で、「おまえなんかと暮らしていたら、子どもはろくな育ち方はしない」などと母親に言って、生後一週間くらいから自分のそばに寝かせて、自分がかまって、お乳をやる時だけ母親のところに連れていく。そんなことをして、その人がまともに育つことなんかありえないとぼくは思うのです。

世界的な作家といわれるよりも

三島さんは長じてから、それを克服《こくふく》するために、武田泰淳《たけだたいじゅん》という人の言い方を借りれば「刻苦勉励《こっくべんれい》」した。文学というものに出会った時に、自分の傷を帳消しにしようとして、たゆみなく刻苦勉励したのです。

三島さんは天才的な人で、世界に知られる作品を残しているけれども、しかし、この人が他人には言えず、自分で克服したいろんな問題というのは計り知《はかし》れないぐらい大きかっただろうと思います。

いつも死にたくてしょうがないとか、もう死んでしまおうとか、そう思いながら、我慢して勉強して作品を書いていたのでしょう。彼のような人生を見ると、人間にとっていったい何が幸福なのだろうと考えてしまいます。

大部分の人は、あまりいい育ち方はしてないというか、一〇〇パーセントからはほど遠い育てられ方をしています。それは母親のせいでもないし、子どものせいでもなく、ただ環境がそういう環境でしかなかったわけで、誰のせいにするわけにもいきません。

だから三島さんのような人は、自分なりの意志力でもってそれを克服し、人に言えない苦労をして、その結果、他人に尊敬されるような大作家になった。それはそれで報《むく》われたのではないか、立派で幸せな人生だったのではないかという考え方もあるでしょう。

でも、本当は違うぞ、とぼくなどは思うのです。それは三島さんに直接、聞いてみなければわからないのでしょうが、彼にとって、生きるということはあまりにもつらすぎたのではないかと思えてならないのです。

世界的な作家といわれ、社会的な地位や発言力をもつことよりも、自分が接する家族と文句なしに円満に、気持ちよく生きられたら、そのほうがはるかにいいことなのではないか。そんなふうにぼくは思うのです。

自然死するには生命力が要《い》るから老人たちは体を鍛《きた》える

強固な意志を貫いた江藤淳《えとうじゅん》の死

太宰治や三島由紀夫は、大人になってから親の代理死をしたと述べましたが、かれらとは対照的な形で死を選んだ文学者もいます。一九九九年に亡くなった江藤淳《えとうじゅん》さんの場合は、完全に自分の意志力による死でした。

江藤さんはぼくと同年代で、立場は反対ですが、同じような問題意識をもっていた人です。彼が亡くなった時はびっくりしましたが、新聞に出ていた、江藤さんの遺書だという短い文章を読んで、この人は潔《いさぎよ》い人だと思いました。

遺書には、脳梗塞《のうこうそく》の発作《ほっさ》の後の自分は形骸《けいがい》に過ぎないということが書いてあります。自分がとてつもなく変わってしまった、前ほど能力が冴《さ》えなくなったのだとご自分で思い込んだのではないでしょうか。傍《はた》から見ればそんなことはなかったのではないかと思うのですが。

江藤さんのように、強固な意志をもって自分で自分を死なせるということは、老いれば老いるほど、難しくなります。なぜなら、年を取るほどに、生命に対してケチ臭《くさ》くなるからです。だからなおさら、ぼくには江藤さんの死が潔く感じられるのです。

普通なら、年寄りというのはもう十分に生きて、先は長くないわけですから、「いつ死んでもいい」という心境になってもよさそうなのに、そうはならない。ほとんどの人が、逆にケチになります。

青春期の、生命力と可能性がたっぷり残っている時のほうが、生に執着しないところがあります。相当無謀《むぼう》なことをして、ひとつ間違えば死ぬとわかっているのに、気にせずに突き進んでしまう。活力にあふれている時は、死が怖くないのです。

それはなぜかと考えると、生命力が過剰だからです。自然よりも生命力がまさってしまった時、恐怖も何もなくなって、ポーンと死の側に行ってしまうようなところが人間にはあるのではないでしょうか。

それが年を取って生命力が衰《おとろ》えてくると、自分の命に対してケチになる。少しでも生きようとして足搔《あが》く。これって逆じゃないか、理屈に合っていないんじゃないか、と思うのですが、ぼく自身もそうなんだから仕方がない。実際に、往生際《おうじょうぎわ》が悪くなっているのです。

自然死するのは簡単ではない

ぼくは一〇年前に海で溺《おぼ》れて以来、足腰が悪くなって、視力もずいぶん衰えました。それで、足腰のリハビリのようなものを毎日やっているわけです。

自分は命が惜《お》しいんだろうか、もっと生きたいと思ってこんなことをやっているんだろうか、とよく考えます。しかし意識の上では、そんなに命を惜しがっているという感じもないのです。

それでもリハビリを続けているし、整体治療にも通っている。足腰が動かないなら本でも読んで生きていればいいんじゃないかと思うんですが、わざわざくたびれるようなことをしているのです。

たとえば病死した文学者の伊藤整《いとうせい》は、自分が考えている仕事をやりおおせないまで死ぬのは残念だというような文章を残しています。しかしぼくの場合、やるべき仕事が残っているから、もう少し生きたいというのではない。仕事ということでいえば、いつ中断されてもかまわないと思っているのです。じゃあなぜリハビリなんかしているのかというと、本当はよくわかりません。

ひとつだけ理由が考えられるとしたら、それは「自然に死ぬ」ためではないかと思うのです。

老衰《ろうすい》で死ぬ、つまり自然死をするためには、生命力が要《い》るのだということです。その生命力を何とか補うために、老人というものは、くたびれるだけの無駄《むだ》なことをわざわざやっているわけです。

自然に死ぬというのは、そう簡単なことではありません。

何もしなくても、少しずつ衰えてやがて死を迎えるのならば理想的ですが、なかなかそうはいかないのです。リハビリをしたり、お灸《きゅう》を据《す》えたり、整体に通ったりというのは、「自然に少しずつ衰えていく」ことに近づけようとして足掻いている行為にほかならないのではないでしょうか。

黙っていると自然死にもならないような生命力の縮小をありありと感じるのが「老い」というものなのです。

江藤さんの死を潔いとぼくが述べたのは、こうした老人特有の自然死への執着もなく、また青春期の生命の過剰さから来る死でもなく、もちろん親の代理死でもなく、自分の意志力だけで死を選んだからです。

死ぬ時にはすでに「死」は本人のものでなくなっている

どの時点をもって「人の死」とするのか

死というものについて考える時、ぼくがいつも思うのは「死は、その間近に行くまでは自分のものだけれど、死ぬちょっと手前で自分から離れてしまうものだ」ということです。

あまり苦しまないで死にたいから、いざとなったら安楽死させてくれとか、無意味な延命はしてほしくないとか、自分の死についていろいろと考え、家族に指示しておいたりする人がいますが、それは死というものについて考え違いをしているのではないかと思います。最期《さいご》の最期には、人は自分の死を自分で支配することはできないのです。

安楽死、と言っていいのかわかりませんが、もう助からない人に対して、それ以上苦しまないようにしてやりたいというので、生命維持装置を外す決断をすることがあります。「どうせ死ぬとわかっているのに、鼻やら喉《のど》に管《くだ》を通して、あんなに苦しがってまで生きていたくはないだろう」という理由が大きいようです。

けれども、傍からいくら苦しそうに見えても、本人が本当に苦しいのかどうかは、わからないはずです。周囲が「あんなに苦しんで、かわいそうに」と思うのはまったくの思い込みかもしれないのです。

しかし、近親の人が「もういい、楽にしてやろう」と納得し、医師が承認すれば、生命維持装置を取り外すということになります。あるいは、いくら苦しそうでも、近親の人が納得しなければ、それはしないということになります。

どの時点をもって「人の死」とするのかは、とても曖昧《あいまい》です。

たとえば、脳死というものがあります。あれは、もう元のようには戻らないというのは本当なんだろうと思いますが、しかし死んでいるわけではない。身体は温かいし、内臓は動いているわけです。

それを、生前の本人の意思だから内臓を切り取らせてくださいと言われても、近親者は納得できないのが当たり前です。だからぼくは、脳死を人の死であるとすることにも、臓器移植《いしょく》を行うことにも、反対するのです。

死というものは、その人の家族や、親しくしていた人たちが納得した時点で成り立つものです。

死を自分で支配することはできない

一生懸命看病をし、世話をした一番親しい人が納得しなければ、死というものはやって来ないのがいまの実情です。ぼくの近親や知り合いが死んだ時もそうでした。家族が納得しない限り延命を続け、納得したらはじめて生命維持装置を外すのです。最期の最期ばかりは、本人の意思が入ってくる余地がありません。死そのものを自分で支配しようというのは、無理なことなのです。

生前に、葬式《そうしき》は不要だとか、簡単にやってくれなどと指示をする人がいます。文学者にも多いのですが、いざ葬式に行ってみると、何百人も集まって列をなしている。あまりにもそういうのが多すぎて、だんだん馬鹿馬鹿しくなってきます。

そんなことは自分で決めても仕方がないのです。死ぬ時のことと、その後のことは、もう自分の手を離れているわけですから、考えても仕方がないというのが実際のところだと思います。

もうひとつ、ぼくが思うに、死というのは、生まれて、成長して、老いて……というプロセスの最後の段階にあるものではないということです。

生まれた時から死ぬ直前までを見渡せる、そういう場所にいるのが死であって、老いの次に死が来るなどということはないのだということを、ぼくが好きだったフーコーという哲学者などは言っています。

サルトルも、違う言い方ですけれども、同じようなことを言っています。たとえばパリからリヨン行きの列車に乗ったとする。その列車に乗ればかならずリヨンに着くと考えるのは間違いで、途中で脱線することもあるかもしれないし、停まって動かなくなり、そこで降りてしまうこともあるかもしれない、と。

その通りだとぼくも思います。死というものは、はかりがたいものです。いつ、誰が、どう死ぬかはわからないことですし、安楽死といっても、それが安楽であるかどうかということさえわからないのです。

第4章

ぼくもひきこもりだった

――きらめく才能よりも、持続する力が大事

ひきこもっていることがマイナスにならない職業がいつか見つかる

ひきこもりの環境と弱点

ひきこもりの人の弱点は、職業をもって自立することが遅れがちなことでしょう。「いい年をして定職につかない」と非難されることもあると思います。時として限られた賃仕事《ちんしごと》、つまりアルバイトのようなものをしている人もいます。

働くというのは、ある一定の仕事をして賃金をもらうことです。働くことが大事であるのはいうまでもありませんが、ボランティアのように無料で何かするというのは働くということに含まれません。労働の対価として、賃金をきちんと受け取ることがすべての基本です。

ひきこもりの人にボランティアをやらせて、それでもって世の中と関わらせようというのは間違っているとぼくは考えます。安い賃金でも、本人が大変でも、お金をもらって働くことが大事です。

ひきこもりがちで、たまにアルバイトでお金を稼《かせ》いで……という人たちは、限られた時間であっても、働いた分きちんと給料を受け取っているわけですから、働くということについて少なくとも勘違いはしていないと思います。

なぜもっと本格的に働かないのかということについては、働こうが働くまいが、食べることは心配ない世の中であるという要素が大きい。日本では八十何パーセントかの人が、自分は中流だと思っているわけです。食事の世話くらいは誰かがしてくれるわけで、そういう社会になっているから自立が遅れる面があります。

どこかの時点で意志的に働きに出て、持続性のある仕事につく転換点がくるはずで、それは前にも述べたように結婚だったりするのでしょうが、いまの社会ではそれが割合に遅くてすむということなのでしょう。

一〇年持続することの意味

それのどこがいけないのかと当人たちは言うかもしれません。ぼくはいけないとは言いませんが、なるべく早く、引っ込み思案なら引っ込み思案の自分に合った仕事を見つけたほうがいいんだよ、ということは言いたいです。

なぜなら、どんな仕事でも、経験の蓄積がものを言うからです。持続ということは大事です。持続的に何かをして、その中で経験を積んでいくことが必要ないような職業は存在しません。ある日突然、何ものかになれるということはないということは、知っておいたほうがいい。

アルバイトの中には、時間を切り売りするだけとか、肉体労働で体力だけを必要とするとか、そういう仕事もあります。しかし、そういった仕事を本当に満足して一生やっていけるかというと、そういう人はあまり多くないはずです。人に満足をもたらす仕事には熟練《じゅくれん》が必要であり、また、熟練するほど賃金もよくなります。本人にも自分は何かを身につけたという実感があります。

たとえば物書きというのは虚業《きょぎょう》で、政治家の次くらいにくだらない職業ですが、それでも持続ということが大事であることは変わらない。才能がどうこう言っても、一〇年続けないと一人前にはなれません。

逆に言うと、一〇年続ければどんな物書きでも何とかなります。毎日毎日、五分でも一〇分でもいいから机に向かって原稿用紙を広げる。そして書く。何も書けなかったとしても、とにかく原稿用紙の前に座ることはやる。それを一〇年やれば、その人は一〇〇パーセントものになります。

これは、どんな仕事でも同じです。どんなに頭のいい人でも、毎日継続して「手を動かす」「手で考える」ということをしない限り、五年もすれば駄目《だめ》になる。手を動かし、手で考えるとは、物書きの場合ならとにかく書き続けることであり、書けなくても毎日原稿用紙に向かうことです。文学者であろうと職人さんであろうとバイオリン弾きであろうと同じです。

頭のいい人と競《せ》り合《あ》わなくていい

頭のいい人というのは、世の中にたくさんいます。そういう人と競《せ》り合《あ》わなければばならなくなったとしても心配しなくていい。頭がいい人というのは、自分を鋭く狭《せば》めていくようなところがあります。長い目で見ると、それはそんなにいいことではない。熟練した職業人になるには、少しゆるんでいて、いい加減なところがあって、でも持続力だけはある、というのがいいのです。

のんびりやろうが、普通にやろうが、急いでやろうが、とにかく一〇年という持続性があれば、かならず職業として成立します。面白くても面白くなくても、コツコツやる。必死で頑張らなくったっていいのです。ひきこもっていてもいいし、アルバイトをやりながらでも何でもいいから、気がついた時から、興味のあることに関して「手を動かす」ということをやっておく。何はともあれ、熟練に向けて何かを始めるところにこぎつけてしまえばこっちのものです。

ひきこもっていることがマイナスにならないような職業というか専門というか、そういう分野というのはきっと見つかるものです。不登校の人も、生涯のどこかの時点で一度は登校することになるのだとぼくは思います。それが学校ではないとしても、何らかの場所にやがて踏み出していく。自分自身の人生に関わっていく日が、かならず来るのです。

ひきこもり性《しょう》だったからものを書き始めた

自分なりの手法を求めて

ぼくがものを書き始めたのは、ひきこもり性《しょう》だったからです。

たとえば、友だちと話をしていても、相手の言うことはよくわかるけれども、自分の言ったことが相手に通じていないように思えてならない。孤独好きで非社交的でしたから、うまく伝えられないのです。

どうしたら通じるんだろうと考えて、これはおしゃべりするよりも書いたほうがいいのではないかと思いついた。書いて、それを相手に読んでもらえばいいのだと。それがすべての始まりです。一四～五歳の頃でした。

最初は、童謡のような詩のような、そういうものを書いていました。自分の思い通りのことが書けた時は、「自分で読んでわかるんだから、他人もわかるかもしれない、自分のことを誤解しないでもらえるかもしれない」と思って満足する。そんなことをしょっちゅうやっていました。

書いて表現すると、自分で読んで、うまくないなあと思ったところは直すことができる。自分の考えがより正確に伝えられるわけです。他人との付き合いに苦手意識のあったぼくにとって、それは大事なことでした。

書いたものを他人が読んでくれればいいわけですが、読んでくれる人がいなくても、うまく自分の考えていることや感じていることが文章の中で言えていたら、それが自分の慰《なぐさ》めになるということをやがて発見しました。人が読む読まないは二の次で、自分の言いたいことが自分でわかれば安心する。つまり、書くことはぼくにとって自己慰安《いあん》になっていたのです。一六歳から一八歳くらいの頃には、友だちとわら半紙を綴《と》じて雑誌のようなものを出すようになりました。

その頃は、文学者というのはきっとみんな自分のように他人におしゃべりが通じないと思ってものを書き始めたのではないかと思っていました。少したつと、そうとは限らないことがわかってきましたが、いろいろな文学者の書いたものを読むようになったのも、そのへんのことがあったのかもしれません。

自分から近づいていく努力

自分がわかればいい、ということを中心にしてものを書いてきたのですが、ある時期から、ぼくは「広場に出る」ということを考え始めました。一九七〇年代のことです。顔の見えない読者に向かって書こう。その人たちにわかってもらえるような文体にできるだけ近づけよう。そう考えて努力してみました。

読みたい人は勝手に読んでくれればいいというのを、少し変えてみようと思ったのです。たとえば、一般の読者がたまたまぼくの本をめくってみて「あっ、そうか」と思ってくれる。そういうものを書くのもいいのではないかと。

ぼくの好きな小説家である太宰治《だざいおさむ》が、自分は読者においしい料理を提供しようとして一生懸命心を砕《くだ》いているというようなことを書いていますが、ぼくがやろうと思ったこともそれに近い感じです。

それまでの読者からは、ちょっとやりすぎではないか、わかりやすすぎるとも言われました。もともとひきこもり的に書き始めたのが、読者のほうに近づいていった面があるから、いまのぼくには「おれはひきこもりだ」と威張《いば》る権利はないのかもしれません。でも、いまでもひきこもらなければできないことを大事にして、少しずつ考えたり書いたりはしているのです。ぼくが「ひきこもりは正しいんだよ」と言う時に、自分の実感として、少なくとも嘘《うそ》はついていないという思いがあります。

ぼくが見つけた孤独の処方箋《しょほうせん》は「銭湯」と「神社のお祭り」

引っ込み思案な気質《きしつ》をもてあますとき

ぼくは人の中に出て、自然に振る舞うことがとても苦手な人間です。どうせ苦手なのだから、人とコミュニケーションしなければならないところにはなるべく出ないようにしようということにして済ませてきました。家の中でも、昔から必要なこと以外はあまり口も利《き》かないようなところがあります。

いまもひきこもり気質《きしつ》が続いているので、子どもからは老人性の鬱《うつ》病だと言われたりします。ある時間だけを切り取ると病気のように見えるかもしれないと思うこともあるし、それは単に暗くて引っ込み思案な気質に過ぎないと思うこともあります。

昔なら「あいつは人間嫌いだから」と、気質一般ということで済まされていたのが、最近では病的なものと区別しにくくなってきたというのは確かにあります。ぼくはもう老人ですが、若い人だと社会的な条件や、親との関係が少しきわどくなってきたせいもあるでしょう。ぼくが若い頃だと、それほど問題にはされませんでした。

けれども自分の中で「これはもう仕方ないよ」という気持ちの半面、「何とかしたほうがいいかもしれない」という思いもありました。人並みに孤独感にさいなまれることもありました。

大勢の中にいる孤独に安堵《あんど》する

そういう時に何が有効だったかというと、銭湯に行くことでした。銭湯というのは大勢人がいるけれども、誰とも口を利かなくても別におかしいことはない場所です。見ず知らずの人たちの中で、自分もみんなと同じことをしている。でも一人でいることができるのです。

つまり、大勢の中の孤独ということです。そういう状態というのは安心感がありました。だから精神的ににっちもさっちもいかないというか、鬱陶《うっとう》しくていけないみたいになってくると、よく銭湯に行っていました。

あとは、近所の神社のお祭りです。

お祭りというのは、賑《にぎ》やかな場所に身を置くことができて、しかしあまり顔見知りとは会わなくて済む。そういった、大勢の中で一人ぼっちになれる状態が、ぼくには一番安定感があったのです。だから当時は、近所にある神社というお祭りには忘れずに行っていた。金魚すくいか何かをして、好き勝手にぶらぶら歩いて、誰とも口を利かずに帰ってくるのです。

銭湯に行くか、お祭りに行く。それが、ひきこもり的な自分と折り合っていくために若い頃のぼくが考えた処方箋《しょほうせん》です。

いまでもぼくは、大勢の中の孤独を好むところがあります。賑やかな中で一人ぽつんとしている状態が一番、精神的に落ち着くのです。いまひきこもっている人たちも、そういう自分なりの外界とのつながり方のようなものをもっているかもしれませんし、本当はその程度のことで済むのではないかとも思います。

そうはいかないところがあるとしたら、ある時間帯で、あることにぶつかると、振る舞い方が病的だと他人から言われてしまう部分が加わってきたということかもしれません。それは本人のせいではなく、親子関係や社会のせいだったり、社会が豊かになったこととの反動だったりするのでしょう。

昔なら、ぼくのように単純な処方箋で孤独と折り合いをつけて通り過ぎることができたのが、いまの若い人だと正常と異常に分かれてしまうのかもしれません。

世の中に対する自分なりのビジョンをもつ

社会に関わる必要はないのか

ひきこもることは悪いことでも何でもない。そうぼくが言うと、ではかれらは、社会に関わっていくことをまったくしなくてもいいのか、と聞かれることがあります。社会との接点をもたず、どこまでも個人主義的に生きていてかまわないのか、と。

そのことについて、ぼく自身の経験から述べてみようと思います。

文学なんかをやっていると、社会との接点は少なくて済みます。極端に言えば、ひきこもってものを考えたり、メモしたりしていればそれでいいということになる。文学というのはもともとそれが本筋なわけですから。

ぼくも青年時代から、そんな感じでやってきたのですが、そのうちに太平洋戦争が起こりました。隣のオヤジさんが出征《しゅっせい》したりと、否応《いやおう》なしに戦争が日常になっていったわけです。

ぼくはその時、社会的な動向や戦争の情報にできるだけ関心をもって、さぼるのを少なくして人並みの行動をしようと思いました。実際、勤労奉仕とか、勤労作業とか、ぼくなりに一生懸命やったのです。

けれども根本的なところで、やはりぼくはひきこもりだった。

当時どんな本を読んでいたかというと、戦争に関係のない小説です。

たとえば明治の作家でいうと夏目漱石《なつめそうせき》の三角関係の小説とか、そういうものが好きで読んでいました。

同時代の小説家でいえば、堀辰雄《ほりたつお》や太宰治です。堀辰雄などは全然、戦争には関係ない作品を書いていました。太宰治は、そうではない時もありますが、日本の文学者の中では、戦争との関わりが少ない小説を書いている作家といえます。

つまり、もともと好きだった本質的な文学書ばかりを一生懸命読んでいたのです。戦争に関係するような小説は好きでもないし、つまらないと思っていました。根本的なところは少しも変わらない形で過ごしていたのです。ぼくにとっての一番重要なこと、核となる大切なことは、やはりひきこもり的な資質と合致することでした。

かといって、戦争に消極的だったのかというとそうではなくて、要するに当時でいう軍国主義青年でした。戦争にはちっとも反対ではなくて、「やれ、やれ」と思っていたのです。

文学の本質は変わっていない

文学書ばかり読んでいたということで言えば、ぼくの本質は戦争とは関係なかったと言えるわけですし、勤労作業を一生懸命やって、国家的な方針のようなものに協力したということで言えば、戦争の現実そのものに従っていたことになります。

しかし、ぼくの中ではそこには何の矛盾《むじゅん》もなかった。文学というのは、もともと社会とはあまり関係がなくて、人間の心の中の問題に関係があればそれでいいと思っていたからです。

けれども戦後になって、その考えを修正した面があります。

戦後、自分に関係ないところで社会ががらりと変わったのを目の当《ま》たりにして、自分の文学の読み方は間違っていないと思ってきたのは本当だったのだろうかと疑問に思い始めたのです。

ついこの間まで戦争に熱中していた国が、急に平和国家と言い始めた。とにかく平和が重要だとみんな言うわけですが、その急激な変化というのは、自分とはまったく関わりのないところで起こったものです。

文学が好きなひきこもり性で、文学書の中でもとりわけひきこもり的な文学というか、現実がどうだとか戦争がどうだとか、そういうこととは関係ない小説が好きな自分がいました。

しかし実際に社会がひっくり返ってみると、それは自分の本質には関係がないところで起こったはずなのに、ぼく自身は、生き方の道筋がわからないような気持ちになっていた。心の奥底のほうから、浮かない感じというんでしょうか、どこかが違っていたという感じが湧《わ》き上《あ》がってくるのを止められなかったのです。

文学は社会の動きとか国家とかにはあまり関係がなくて、人間の本質を描くものなのだという考えは、基本的には変わっていません。本居宣長《もとおりのりなが》が『源氏物語』を評した言い方で言えば「もののあはれ」が文学の本質なんだよ、ということです。

戦後、考えを修正したところ

しかし戦後の、すべてがでんぐり返ってしまって途方にくれたあの実感は消えない。そこでぼくは思ったのです。そのときどきの社会を、総体として自分なりに捉《とら》えていないと、とんでもない不意打ちを食らうことがあるぞ、と。

戦後、変わったのはそこです。

ひきこもりはちっとも悪くない。文学の本質も変わらない。けれども、ひきこもってはいても、いつでも社会がいまどうなってるかを自分なりに把握《はあく》しておかなければ、相当危ないんだと思うようになりました。

社会全体をこういうふうに捕まえるのが一番自分らしいんだ、というビジョンを絶えずもってないと、文学も駄目なのではないかということです。社会の掌握《しょうあく》の仕方が正しいかどうかは二番目の問題で、それぞれの人が自分なりの時代のイメージというか、ビジョンというか、そういうものを摑《つか》んでいるということが、あまり現実と関係ない文学にとっても重要なのです。それが唯一《ゆいいつ》、ぼくが戦後に考えを修正したところです。

ぼくが沈黙したくない理由

敗戦後、なぜ文学者たちは沈黙したのか

戦争が終わり、自分の外側で社会がひっくり返ったという感じをもった時、ぼくはこう思いました。

いいなあと思って読んでいた同時代の文学者、太宰治でもいいし、文芸批評家なら小林秀雄《こばやしひでお》といった人が、いまどう思ってるのかを言ってくれないだろうかと。かれらが何か言ってくれれば、ずいぶん楽になって、自分の生き方の道がつけられるのに――そう、切実に思ったのです。

しかし、戦争中も良いものを書き続けていたかれらが、戦後には沈黙してしまっていた。この人は偉い人だと思っていた人ほど、黙ってしまったのです。

なぜ沈黙するかはよくわかる。怖いんです。こんなことを言ってしまったら世論から猛反発を喰《く》らうのではないかとか、あるいは自分は文学の世界の中で孤立してしまうかもしれないとか。もっと極端に言えば、村八分《むらはちぶ》のようになってしまうのではないかと考えたのだと思います。

その気分は実感としてわかるところがあります。自分だけが吹きさらしの中に無防備で立ってるような、そういう感じなのでしょう。それを乗り越えて、あえて言う、言いにくいけど言うという人はいませんでした。

その時に思ったのです。もしも自分がいつか、ものを書いて意見を公表するような立場になったとしたら、沈黙しない。言いにくい時でもできるだけ言おうと。いまもそれは思っています。

沈黙すると誰にすまないかというと、ぼくの本を読んでいる人です。それは一〇〇〇人単位の、顔もわからない人たちなのですが。

そういう人たちが昔のぼくと同じように、いまどう考えるべきなのかと悩み、何か言ってほしいと思っているとしたら、少なくとも、いまこう考えていますよということは言おうと決めているのです。

考えていることは、答えないわけにはいかない

本質的なところは変わっていないので、相変わらずひきこもり志向です。あまり現実的なことが書いてある小説は好きではなくて、恋愛小説のほうがいいというあたりは昔と同じです。でも体験上、そこのところだけは変わってきたように思います。しかしそれは、なかなか理解してもらえませんね。「あいつは小泉《こいずみ》首相の悪口を言うのが得意だから、あれこれ書いてるんだ」などと言われてしまう。

ひきこもり性ですから、本当はそういうことについて書いたりしゃべったりするのは苦手です。恋愛小説でも不倫小説でもいいのですが、そちらのほうが、つまり「もののあはれ」のほうがずっと好きで、そちらのことを書けと言われたほうが、喜んで書くのです。

でも、いまの世の中について何か聞かれたら、言わないわけにはいかない。何も考えていないなら別ですが、ぼくは戦後ずっと、そのときどきの世の中について考

えてきました。だから、そんなことは考えたことがないという言い訳はできないのです。

おまえは文学はもうやめたのかと言われることもあります。

「あのやろう、雑なことを言うほうが楽なもんだから、そんなことばかり言ってるんじゃないか」と思っている人もいるようですが、ぼくに言わせれば、それはとんでもない誤解なのです。

第5章 ひきこもりから社会が見える

――ぼくがいま考えていること

君が代もインターナショナルも死ぬまで二度と歌わない

ワールドカップで思ったこと

サッカーの二〇〇二年のワールドカップの時、若者たちが日の丸を振って、君が代を歌っていた。かれらに話を聞くと、みんなと一体感がもてて嬉《うれ》しいと言っていたそうです。そういう若者についてどう思うかと、ある編集者に聞かれました。

これは自分の中の矛盾《むじゅん》でもあるのでしょうが、ぼくの中の半分には、ああいうサポーターに加わって、勝った勝ったと騒いで街頭に流れていって、どこかの飲み屋でビールを飲んで騒いで、ということをやりそうな気持ちがあるのです。

あとの半分は、理性的に考えを積み重ねていく気持ちがありますから、日本人はぼくらの体験した戦争中とそう変わってないんだなという、がっかりするような感じ方があります。

決勝トーナメントで日本はトルコに負けました。本当にサッカーが好きな人なら、日本が負けても強い国が残って面白い試合をやってくれるわけですから、その後も試合を見るだろうと思います。

でもぼくはというと、実は日本が負けてがっくりして、そこから見るのをやめてしまったのです。そうすると「あれ？　おれってナショナリストだったのかな」ということになる。騒いでいる人たちとちっとも変わらないじゃないか、と。じゃあ日の丸の旗についてはどうなのかというと、これもまた自分が当てにならないなと思うのです。

戦争直後には、日の丸の旗というのはサディズムの象徴みたいな旗であって、はなはだよろしくないと思っていました。ところがこの頃、少し考えが変わってきて、この間などは対談か何かで「これ、デザインとしてなかなかいいんじゃないか」というようなことを言っています。戦争が終わった直後には見るのも嫌だったのに、半世紀たったら、「簡単で、とてもすっきりしたデザインで、いいよ」などと評価しているのだから当てになりません。

ぼくには歌う歌がない

この話をしたら、じゃあ「君が代」も歌うんですかと聞かれました。しかしそれは、ぼくにとって禁句《きんく》というか、絶対に歌いません。戦争が終わって、ある時期から、絶対に歌わんと決めましたから。

戦争中までは式典みたいなものでいつも学校で歌っていました。しかし戦後の憲法では主権在民となっているのだから、君が代もへちまもない。民《たみ》が代であり、民に主権があることは大切なことです。

それからもうひとつは、さざれ石がどうして岩になるのかがわからなかった。普通に考えると逆でしょう。大きな岩が砕《くだ》けて小さくなるのならわかりますが。そういう不可解さも含めて、あの歌を歌うつもりはありません。

最近知識のある知り合いが「さざれ石」というのは細かい石ということでなく、そういう固有名詞をもった岩石のことで、圧力がかかったまま時間を経ると、固まって大きくなるのだと説明してくれましたけれども。

若い人たちが歌うことについては、「いまは主権在民で〝君が代〟なんかじゃねえんだから、そんなの歌うな」などと言って止めるつもりはありません。放っておけば自然に消滅すると思っています。でも、いい気持ちではありません。自分たちが通り過ぎたことを、いままた若い世代がやってるんだなあ、日本人って変わらないねえ、という目で見ています。

戦後、いろいろな会社で労働組合の世話役のようなものをやって、自分の考え方がだんだん左傾していった頃は、赤旗の歌とか、インターナショナル（革命歌、ソ連のもと国歌）の歌を歌っていました。しかし、一九六〇年の安保《あんぽ》闘争のときを境に、歌わないと決めました。あんなものはインターナショナルどころかロシア至上主義の歌だと感じたからです。

じゃあおまえが歌う歌は何だと言われると、困ってしまう自分がいます。

ぼくらの世代だと、軍歌と小学唱歌と、それくらいしか歌うものがなかった。

しかも唱歌はまだいいが、軍歌を歌うと、「愛国主義」や「軍国主義」になるのです。唱歌にも二番、三番になると、そうなるのがたくさんあります。困ったものですね。「蛍《ほたる》の光」でも三番以下になると、「台湾《たいわん》のはても樺太《からふと》も八洲《やしま》のうちの守りなり」と帝国主義、植民地支配の歌詞になりますね。

それらの歌はいまも覚えていますけれども、歌いたくはない。ぼくには、歌う歌がないのです。

戦争で死んだ日本人を歴史から抹殺《まっさつ》してはいけない

日本の侵略戦争について思うこと

ぼくは戦争の世代の人間ですが、戦後、自分なりに考えながら立場を変えてきました。いわば転向した戦中派です。

しかし、思想というか、ものの考え方というものは、これを捨ててあっちに変わる、というように簡単にはいかないものです。これを引きずりながらも、あっちのほうに進んでいく。そういった変わり方以外にはありえないのではないかと思います。

戦後になって、ぼくなりにいろいろな考え方を辿《たど》っていまに至っているわけですが、たとえば、たまたま似たような、いわゆる進歩的なことを言うことがあったとしても、共産党とか社民党の真似《まね》をしているわけでも何でもないし、かれらにお世話になったことは一度もありません。

あの人たちは、太平洋戦争まで日本がやってきた戦争はすべて侵略戦争だと言います。資本主義が戦争をすれば、それは全部侵略戦争だという考えなのです。その侵略戦争で戦った人たちは、すべて悪人か、または訳もわからずに無駄死《むだじ》にさせられた犠牲《ぎせい》者であるということになります。

ぼくは、日本はよその国の領土で勝手に戦争をして、非戦闘員に災《わざわ》いをもたらしたり、食料を収奪《しゅうだつ》したりということをやったわけだから、それは侵略には違いないと思っていますが、侵略という言葉を共産党や社民党と同じ意味で使っているわけではありません。

身近な人が大勢、あの戦争で死にました。同じ寮にいた一級上で、特攻隊で死んだ者もいるし、徴兵《ちょうへい》されて行った先でいわゆる残虐《ざんぎゃく》行為をした責任を取らされて、C級戦犯で銃殺《じゅうさつ》された人もいます。

そういう人を歴史から抹殺《まっさつ》するというか、まるでなかったことのように扱うことだけは、ぼくはしたくないのです。なぜなら、その人たちと同じ立場に、ぼくがいつなってもおかしくなかった。かれらとぼくは、いつでも交換可能だったのです。

経験したことを白紙に戻すことはできない

当時のぼくは軍国少年で、戦争には少しも反対していなかったし、もっとやれ、と思っていました。そんな自分が、日本の兵隊さんたちの死を無駄死にだったというような言い方を許すことは断じてできません。

戦後、戦犯として多くの日本人が処刑されました。戦犯といっても、戦争の指導者だけではなく、B級、C級戦犯として処刑された人たちもいます。そういう人たちに対して、日本は侵略戦争をやったんだから仕方がないじゃないかと言う資格がある人が何人いるのでしょうか。

戦争に反対して投獄《とうごく》されていたというような人が、全国を探せば十何人かはいるでしょう。その人たちが言うならわかります。しかし共産党や社民党が、戦後になって、日本の兵隊さんたちを無視し、歴史の勘定《かんじょう》に入れないのは、到底承服できないのです。

こう言うと、歴史教科書を変えようとしているナショナリストの人たちと同じになってしまい、それはちょっと困るなあとも思うのですが、ここだけはどうしても譲《ゆず》れません。

その時代に生まれたということは、それなりに運命的なことのようにぼくは思います。いったん経験したことは、自分で引き受けていくしかない。生まれた時代性というものは、なかなかぬぐい去ることができないし、まるで何もなかったように白紙に戻すようなことをしてはいけないのです。

だから、「いまの人は呑気《のんき》すぎる」という意見があっても、そういう時代に生まれて育ってきたのだから、それはそれでいいではないかと、逆にそう思っています。あまりに見事な見当外れだと小泉純一郎《こいずみじゅんいちろう》でも無名の国民でも、内心あきれて、からかい半分に批判したりはしますが。

9・11から見えてくる戦後という時代に横たわる断層

「同時多発テロ」について思うこと

二〇〇一年の九月一一日にニューヨークのワールドトレードセンターと、ワシントンのペンタゴン（米国防総省本庁舎）に航空機が突っ込んだ事件を、アメリカは「同時多発テロ」と呼んでいます。

日本でもそう呼ぶことが多いようです。けれどもぼくは、できるだけその言葉は使わないようにしています。

現在も中近東で、身につけた爆弾を公共の場所で爆発させる行為が行われていて、それは「自爆テロ」と呼ばれます。ああした行為に対しても、ぼくはその言葉を使いたくないのです。

あれをテロと言ってしまうと、自分や自分の世代を卑《いや》しめているような気が、どうしてもしてしまう。なぜなら、戦時中に日本の若者が特攻隊としてやったことと、やはり共通する行為だと感じるからです。

その頃ぼくたちは、少年飛行兵などに志願して潔《いさぎよ》く軍艦《ぐんかん》に体当たりするような人たちを見て、「おれは、もし行けと言われても、そこまでなかなかできないかもしれない。あいつらはすごいもんだなあ」と思って尊敬していました。

戦争が終わって、ぼくは労働組合に関わったり、六〇年安保の時には学生さんたちと一緒にデモに参加もしました。しかしいまに至るまで、あの特攻隊の人たちの悪口を言ったことは一度もありません。

だから、ビルに突っ込んだ青年たちや、爆弾を巻きつけてバスやレストランに飛び込んでいく若者たちを批判するようなことを口にするのは、大きな抵抗があります。かれらを悪者ということにして澄ましているなんて自分にはできないよ、と思うのです。

ニューヨークのビルに突っ込んだ人たちやその同胞《どうほう》を、アメリカは悪の権化《ごんげ》みたいに言います。じゃあ、あの行為は悪くて、アメリカの報復戦争はいいのか。どう考えてもそれはおかしいと思います。

いまの若者たちに言いたいこと

ぼくは、いまの日本の若者たちに、こう言いたいと思うことがあります。

——おまえたち、おれらが若い頃、勇ましい人というのは特攻隊のことだったんだ。すすんで軍艦に体当たりしたりとか、そういうことを、つい半世紀前におまえのオヤジさんやじいさんたちはやってきているんだ。実際にはやらなかった人も、喝采《かっさい》を送っていたんだ。だから、あまり簡単に、よその人たちの悪口は言わんほうがいいんじゃないか、と。

でも、それを言ってはいけないのではないかという気も一方でする。若者たちは、ぼくらとまったく違う価値観で生きているのではないかとも思うのです。

そして、どちらが正しいのか、正直言ってわからない。この問題については、情けないけれども、価値観が揺らいでしまうところがあります。

ぼくは、戦争からこっち、自分なりに生活をしてきましたし、戦後というものについて割合によく考えてきたと思っていました。しかし時折、何か大きな断層のようなものが横たわっていると感じることがある。そして、立ちすくんで考え込んでしまうのです。

ぼくが、あらゆる市民運動を信用しない理由

開かれているようでいて、閉じている集団

ぼくは市民運動が嫌いです。

群れて集まって、その数を頼みにしていろいろなことを言う。そこには冷静さがなく、根拠といえば漠然《ばくぜん》とした「感覚」だけです。

市民運動をやっている人たちは、自分たちで不安感や恐怖感を作り出しておいて、雰囲気でものを言っているところがあると思います。開かれているようでいて、閉じた集団なのです。

さらに言えば、市民運動の一番よくない点は、共産党や社民党が言ったりやったりしていることから、決して先には出ないことです。

たとえば、二〇〇二年の秘書給与問題でいったん辞任しましたが、辻元清美《つじもときよみ》さんという市民運動から出てきた社民党の代議士がいました。

彼女もまさにそうですが、市民運動を組織して指導的な立場にいる人というのは、ラディカルな運動なら共産党、そうでなければ社民党の方針を正しいと思い、そこからはみ出さないようにして活動しているのです。末端の人たちにそれがわかっているかどうか知りませんが、リーダーと呼ばれる人たちは、ほとんどそうだといっていいと思います。

方向は自分で決めるべきではないか

自分たちはこう考える。だから、こういう活動をやる——そういう当たり前のやり方をしていないのが、ぼくの考える市民運動の弱点であり、欠陥《けっかん》です。

それの何が悪いんだと言われればそれまでですが、そこには本当の意味での自発性もなければオリジナリティもない。まさに閉じています。

本来ならば、自分たちがやるべきだと思ったテーマに沿って、自分たちで方向性を決めて動いていくのが当たり前でしょう。しかし、そうはならない。

共産党、あるいは社民党が、こうしよう、ああしようと政治的な方針を決める。すると、それよりも先へ出ないように気をつけながら、決して追い越すことのない範囲をさだめて自分たちの活動を決めていく。一種の政治的模倣《もほう》です。よってたかって集まって、誰かが「カラスは白い」と言ったら、みんなで「白い」「白い」と言い出す。

雰囲気に酔って、数を頼みにものを言って、しかしそれは自分たちの外から、あるいは上のほうから降りてきた考えであり方針なのです。

自発的な運動だと思い込んでいるけれども、結局は、自分たちの頭で考えて動いていない。そこがよくないと思うわけです。

老いるということを長い間誤解していた

それは、ある日突然やってくる

年を取るということに対して、誤解してきたことに気づきました。七〇歳くらいになるまで誤解していたと思います。

老いというのは、なだらかな変化だと思っていたのです。手足を動かすのがだんだんおっくうになっていって、そのうちに自由に動かせなくなるとか、そういう感じだと思っていた。しかし、そうではなくて、あることを契機にして、がたりと落ちていくのです。実際にそうなってみて、はじめてわかりました。

ちょっと寝込んで、起きあがるとふらふらする。四、五日もすれば元に戻るだろうと思っていたら、その「元に戻る」という感覚がわからなくなってしまっているのです。最後に寝込んだ時は、とにかく起きあがったはいいのだけれど、立っていられなくなった。どこかにつかまらないと立っていられないわけです。これには参りました。

子どもの世話にはならんと思っていたけれども、実際には、いま、食事のことから何から世話になっているわけです。外に出て用を足すような時には、子どもがついてきます。ついてこないことが理想なんですが、ついてきます。いま、東京を離れて、どこかに行って用事をするということができないでいるのですが、こういうことになるとは考えもしませんでした。

おまえは子どもに迷惑はかけないと言っていたけれども、かけているじゃないかと言われると、その通りで、それはわからなかったんだよ、と言うしかありません。子どもが成長していく盛りの時は、将来、子どもの世話になんかならずに済むだろうと思っていたわけです。もっと前に、こうなることがわかっていたらよかったと思いますね。

憂鬱《ゆううつ》の軌道に入らないために

いまは少しよくなってきましたが、地面が少しでこぼこになっていると、自転車に乗っていて転んでしまうのです。そういう時に、近所の女子中学生や高校生がたまたま通りかかると、

「おじさん、どうしたの?」

「大丈夫?」

などと言って、自転車を起こすのを手伝ったりしてくれます。みっともないなあと、つくづくみっともないなあと思います。

転びそうになったら、片一方の足をつけて止まればいいわけですが、それができなくて転んでしまうのです。

最近は、ややできるようになって、自転車を横にすっ転ばすみたいなことにはならずにすむようになりましたが、こうしたことは、思いもかけなかったことだなあという感じです。

ある年齢になったら、こういうことが起こってくる、こういう問題に直面すると

いうのは、どんな人でもだいたい共通しています。このくらいになったら親が弱ってきて面倒を見なければいけないとか、それには経済的にいくらくらいかかるとか、自分の身体も弱ってくるとか。

そういうことをあらかじめ、ひとつだけでもいいから、その年齢以前に解決していたら、とても楽です。できればそうしたほうがいいのですが、それができるのは相当な人だと思います。ぼくらはその年齢になってはじめて気がついて、これはいかんというので泡喰《あわく》って、いろいろ対策をするしかありません。

だから、朗《ほが》らかな老人なんてこの世にいるわけがないと、ぼくは思っていました。でも、そんな人が文筆家にもエディターにもいることを知り、仰天《ぎょうてん》してしまいました。真面目に働いた人か、家に恒産《こうさん》がある人に違いありません。ぼくなどには縁遠い人です。

「青年時代みたいに戦争には引っかからないし、命の心配はないし、いまほど楽しい時期はない」などと言う老人がたまにいますが、ぼくはとても信じられない。

普段はあまり考えないようにしていたとしても、ある軌道の中に入ってしまった

ら、憂鬱《ゆううつ》で憂鬱でしょうがないというのが老人です。その軌道に入らないためには
どうしたらいいかということが、老人にとって一番大事な問題なのだと思っていま
す。

あとがき

「ひきこもり」という言葉がよくないという否定的なニュアンスで語られるのを、はじめて聴いたのはテレビ番組だった。たしか6チャンネルの筑紫哲也《ちくしてつや》が司会した番組だったとおもう。そのなかで、あるスーパーの店長さんがインターネットで「ひきこもり」の人を五千人くらいチェックして、その人たちをメンバーに会合を持ち、話し合いの場を作って「ひきこもり」傾向の人を矯正《きょうせい》する試《こころ》みをやっているという紹介があった。はじめて聞く事柄をいっぺんに語られたようにびっくりした。

わたし自身は子供のときから「ひきこもり」がちの気質《きしつ》（性格）だったので、親からも小学校の先生からもよく注意されたり、無理矢理に人前で何かすることを命じられた。

さしさわりのない例を少しあげると、講堂で全校集会のとき、いきなり何か話をしろと言われる。

なんの用意もないのだが出来ませんと言えず、二、三日前にラヂオで聴いた講談の口真似《くちまね》をして「それなのに旅の途中でその女は癪《しゃく》を起こして」と言ったとき、先生だけがゲラゲラ笑いだした。「癪」とは何か、わたしは知らないし、今でも知らない。何か変な病気なのかなと思った。講談の筋だけは終えた。ただでも引きこみ思案なのに先生に笑われて、致命傷の恥ずかしさだった。

もう一つあげれば、学校対抗の少年野球を応援していて、突然「お前、応援の音頭を取れ」と引き出される。

他人の応援は見たことがあったが、ようするに応援団長の真似をしろということだなと判断し、「三、三、四拍子で行くぞ」などと呼ばわってやり抜けた。

引きこみ思案な生徒だけど、やれと言われたら何でもできる子供だと大人は思っているのか、命ずることは皆滅茶苦茶《めちゃくちゃ》だと思った。

この種のことは沢山《たくさん》あった。わたしは嫌だ嫌だと思いながらやってしまう悲しみを身につけただけで、一向に性格は積極的にならず、社交的にも改善されなかった。

テレビで言及されたスーパーの店長さんの善意ある行いや、「ひきこもり」を矯正しなければと思っている思春期の男性や女性をくさすつもりは全《まった》くないが、その人の気質や性格と呼ばれているものは、生まれる少し前から一歳未満までに、母親、父親との関係の仕方で、七〜八割は定まってしまうもので、思春期になってからでは、矯正されても二〜三割が精一ぱいだと言うべきだとおもう。

またほんとうを言えば、「ひきこもり」の充分な熟考や熟慮なしに成り立つ職業や専門はただの一つもありはしない。

テレビ・ラヂオなど華《はな》やかそうに見えるメディアのキャスターやアナウンサーや

アーチストでさえ、地道な修練なしには成り立つはずはない。

「ひきこもり」の孤独感と「引きだされ」の愉《たの》しさをよく知っているスーパーの店長さんや、「引きだされ」て愉しくなった人たちの善意にケチをつける気は少しもないが、こんな誰にでもわかる思い違いを、いかに上司からの職場指令とは言え企画実行せざるを得ないキャスターたちの物悲しさが我慢《がまん》しにくくてならなかった。それできっと類似の思いをされたかもしれない大和書房の編集者、岡村季子さんの提示されたこの本の企画に喜んで乗せてもらった次第だ。

この本の運命がお互いのために良い道をたどってくれることを願ってやまない。

吉本隆明　記

二〇〇二年八月二十日

本作品は、二〇〇二年大和書房より刊行され、二〇〇六年同社にて文庫化された『ひきこもれ』を再編集した新書オリジナルです。新書化にあたってお力添えいただきました関係者のみなさまには深く感謝いたします。

著者略歴

吉本 隆明（よしもと　たかあき）

1924年、東京・月島生まれ。
思想家、詩人、文芸批評家。
東京工業大学電気化学科卒業。
工場に勤務しながら詩作や評論活動を続け、文学、社会、政治からテレビ、料理、ネコの世話まであらゆる事象を扱う「戦後思想界の巨人」と呼ばれる。2003年、『夏目漱石を読む』で小林秀雄賞受賞。著書に『共同幻想論』『言語にとって美とはなにか』『ハイ・イメージ論』『カール・マルクス』『悪人正機』『ひきこもれ』『日本語のゆくえ』『吉本隆明が語る親鸞』『開店休業』『フランシス子へ』などがある。

SB新書　519

ひきこもれ〈新装版〉
ひとりの時間をもつということ

2020年9月15日　初版第1刷発行

著　者　吉本 隆明

発行者　小川 淳

発行所　SBクリエイティブ株式会社
〒106-0032　東京都港区六本木2-4-5
電話：03-5549-1201（営業部）

イラスト　ヨシタケシンスケ

装　幀　長坂勇司（nagasaka design）

組　版　明昌堂

本文デザイン　松好那名

写　真　朝日新聞社

本文構成　梯久美子

編集協力（解説ページ）　石井晶穂

印刷・製本　大日本印刷株式会社

本書をお読みになったご意見・ご感想を下記URL、
または左記QRコードよりお寄せください。

https://isbn2.sbcr.jp/04585

落丁本、乱丁本は小社営業部にてお取り替えいたします。定価はカバーに記載されております。本書の内容に関するご質問等は、小社学芸書籍編集部まで必ず書面にてご連絡いただきますようお願いいたします。

©Takaaki Yoshimoto 2020 Printed in Japan
ISBN 978-4-8156-0458-5

SBクリエイティブの好評既刊

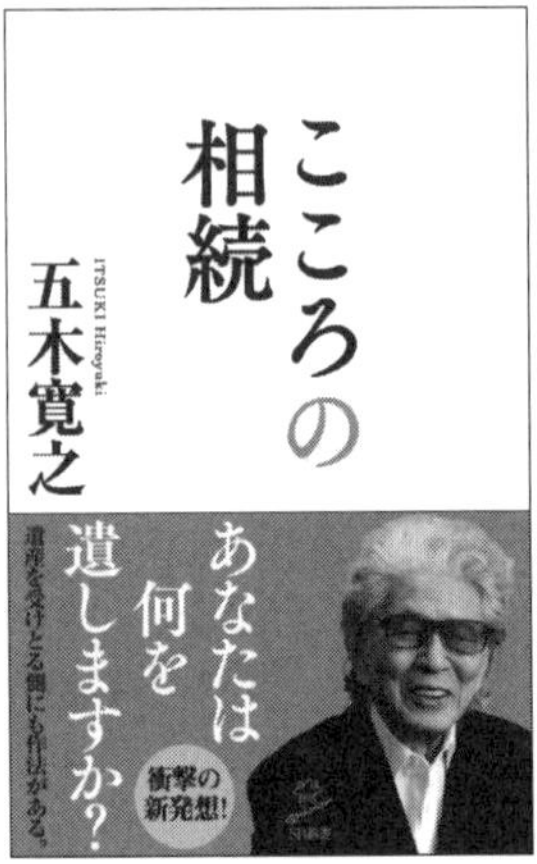

こころの相続

五木寛之（著）

860円＋税　ISBN:9784815604011

相続とは土地やお金だけではない。

私たちが相続するものは「形あるもの」ばかりなのか。
人との挨拶の仕方、お礼の言い方、そのほか数えきれないほどのものを、
私たちは相続しているのではないか。
いまこそ「形なきもの」相続財産に目を向けよ。放たれる渾身のメッセージ。